Lerm

Beamtenrecht Sachsen

Beamtenrecht Sachsen

Grundlagenwissen

von

Patrick Lerm

Polizeihauptkommissar und Diplom-Verwaltungswirt (FH)
bei der Bundespolizei,

Lehrbeauftragter an der Hochschule Meißen (FH) und
Fortbildungszentrum – Fach Beamtenrecht

KSV Medien • Wiesbaden

Bibliografische Information der Deutschen Nationalbibliothek
Die Deutsche Nationalbibliothek verzeichnet diese Publikation in der Deutschen Nationalbibliografie; detaillierte bibliografische Daten sind im Internet über http://dnb.dnb.de abrufbar.

Satz: metiTec Satzsystem, me-ti GbR • Berlin
Druck: CPI books

ISBN 978-3-8293-1811-2

Vorwort

Dieses Lehr- und Lernbuch ist ein erster Versuch, das sächsische Beamtenrecht anschaulich und systematisch darzustellen, um so Jedem, der sich erstmalig mit der komplexen Materie beschäftigt, eine Hilfestellung zu sein. Es soll die Bedürfnisse von Auszubildenden, Studierenden und Teilnehmenden an Fortbildungslehrgängen abdecken. Selbstverständlich sind auch sonstige Interessierte aus Theorie und Praxis angesprochen. Ich habe insbesondere darauf geachtet, anschauliche und praxisnahe Beispiele, zusammenfassende Übersichten und Urteile mit einzubauen. Auch die Sachverhaltsbeurteilung nimmt einen großen Raum ein, um dem Beamtenrecht in seiner Eigenschaft als Prüfungsfach gerecht zu werden. Ich hoffe, dass dieses Werk vielen Auszubildenden, Studierenden und Fortbildungsteilnehmenden den Zugang zu der oftmals als recht trocken empfundenen Materie erleichtert.
Erfahrungsgemäß kann es gerade in den ersten Auflagen neu erscheinender Bücher zu kleinen Fehlern kommen, die auch bei äußerst gewissenhafter Durchschau unbemerkt bleiben. Darüber hinaus erhebe ich ausdrücklich nicht den Anspruch auf lückenlose Vollständigkeit. Sofern Sie beim Durcharbeiten des Buches auf Dinge stoßen, die verbesserungswürdig sind, oder haben Sie sonstige Anregungen, sind Sie herzlich eingeladen, Ihre Anmerkungen entweder an den Verlag oder gerne an folgende E-Mail-Adresse zu richten: einsatzrecht@web.de.
Aus Gründen der besseren Lesbarkeit und des Umfangs wegen werden durchgehend männliche Personen- und Funktionsbezeichnungen verwendet. Mit diesen sind alle Geschlechter gleichermaßen gemeint.

Stadelhofen, im Sommer 2022 *Patrick Lerm*

Inhalt

Literaturverzeichnis

Battis, Ulrich / Grigoleit, Klaus Joachim / Hebeler, Timo Bundesbeamtengesetz. Kommentar, 5. Aufl., München 2017

Baldarelli, Marcello/ Wölke Eckhard Musterklausuren Öffentliches Dienstrecht, 2. Aufl. Hilden / Rhld. 2007

Baunack, Sebastian Disziplinarmaßnahme bemessen, in: PersR 2017, S. 33 - 37

Ebert, Frank Das aktuelle Disziplinarrecht. Leitfaden für den öffentlichen Dienst, 4. Aufl., Stuttgart 2012

Hermann, Klaus / Soiné, Michael Aufklärung von Dienstvergehen außerhalb des Disziplinarrechts? in: NVwZ 14/2012, S. 845 - 849

Kawik, Michael Gibt es und braucht es eine Remonstrationspficht des Beamten? in: ZBR 7 - 8/2015, S. 243 - 244

Keller, Christoph Disziplinarrecht für die polizeiliche Praxis, 3. Aufl., Hilden / Rhld. 2016

Kowalczyk-Schaarschmidt, Anneliese Wissenstest Beamtenrecht, 1. Aufl. Wiesbaden 2015

Lerm, Patrick Beamtenrecht Bayern, 1. Aufl. Wiesbaden 2022

Lerm, Patrick / Lambiase, Dominik Öffentliches Dienstrecht für die Bundespolizei, 1. Aufl. Stuttgart 2020

Schmidt, Thorsten Ingo Beamtenrecht, 1. Aufl. Tübingen 2017

Schnellenbach, Helmut / Bodanowitz, Jan Beamtenrecht in der Praxis, 9. Aufl. München 2017

Urban, Richard / Wittkowski, Bernd Bundesdisziplinargesetz. Kommentar, 2. Aufl. München 2017

Wagner, Fritjof / Leppek, Sabine Beamtenrecht, 10. Aufl., Heidelberg 2009

Kapitel I – Beamtenrechtliche Grundlagen

I. Begriff und Angehörige des öffentlichen Dienstes

Der Begriff des **öffentlichen Dienstes** wird in den Beamtengesetzen nicht definiert. Es gibt keinen allgemeingültigen Begriff des öffentlichen Dienstes. Dennoch existiert eine Art *Merksatz* für die Zugehörigkeit zum öffentlichen Dienst.

Öffentlicher Dienst bedeutet **die Beschäftigung im Dienst einer juristischen Person des öffentlichen Rechts.**

Juristische Personen des öffentlichen Rechts sind z. B.

- Körperschaften
  - z. B. Bund, Länder, Gemeinden, Berufsgenossenschaften
- Anstalten
  - z. B. Sparkassen und
- Stiftungen
  - z. B. Stiftung preußischer Kulturbesitz.

Kein öffentlicher Dienst sind u. a. folgende Tätigkeiten:

- Rein ehrenamtliche Tätigkeit
  - z. B. ehrenamtliches Gemeinderatsmitglied
- Verfassungsorgane und deren Mitglieder, z. B.
  - Bundespräsident (Art. 54-61 Grundgesetz),
  - Mitglieder der Bundes- (BMinG[1]) und Landesregierungen (SächsMinG[2]) und
  - Abgeordnete (AbgG[3], SächsAbgG[4]).

---

1 Gesetz über die Rechtsverhältnisse der Mitglieder der Bundesregierung
2 Gesetz über die Rechtsverhältnisse der Mitglieder der Staatsregierung
3 Gesetz über die Rechtsverhältnisse der Mitglieder des Deutschen Bundestages
4 Gesetz über die Rechtsverhältnisse der Mitglieder des Sächsischen Landtages

Wer ist Angehöriger des öffentlichen Dienstes? (öffentlicher Dienst im weiteren Sinne)			
Beamte	Beschäftigte des öffentlichen Dienstes	Richter	Berufssoldaten
Art. 33 Abs. 4 GG **Öffentlich-rechtliches Dienst- und Treueverhältnis** (§ 3 Abs. 1 BeamtStG)	**Privatrechtliches** Dienstverhältnis zu einer juristischen Person des öffentlichen Rechts (Regelung durch Tarif- und Arbeitsverträge)	**Art. 33 Abs. 4 GG** **Öffentlich-rechtliches Dienst- und Treueverhältnis** (Art. 92, 98 Abs. 3 GG)	**Art. 33 Abs. 4 GG** **Öffentlich-rechtliches Dienst- und Treueverhältnis** (Soldatengesetz)

Auszug GG:

Art. 33 (Abs. 4) GG:

Die Ausübung hoheitsrechtlicher Befugnisse ist als ständige Aufgabe in der Regel Angehörigen des öffentlichen Dienstes zu übertragen, die in einem öffentlich-rechtlichen Dienst- und Treueverhältnis stehen. [...]

Auszug BeamtStG:

§ 3 Abs. 1 BeamtStG (Beamtenverhältnis):

(1) Beamtinnen und Beamte stehen zu ihrem Dienstherrn in einem öffentlich-rechtlichen Dienst- und Treueverhältnis (Beamtenverhältnis). [...]

Die Gruppe der Beamten und der Beschäftigten bezeichnet man als Angehörige des öffentlichen Dienstes im **engeren Sinne**. Richter und Soldaten haben jeweils einen besonderen (rechtlichen Auftrag). Demzufolge gelten für Sie jeweils besondere Rechtsnormen.

Exkurs Beschäftigte:

Arbeitsnehmer im öffentlichen Dienst werden einheitlich als Beschäftigte bezeichnet.[5] Ihre Rechtsverhältnisse werden durch **private Dienst- bzw. Arbeitsverträge** geregelt. Heute wird das Recht der Beschäftigten im öffentlichen Dienst des Bundes und der Kommunen durch den am 1.10.2005 in Kraft getretenen Tarifvertrag für den öffentlichen Dienst (TVöD) geregelt.

5 Siehe dazu § 1 Abs. 1 TVöD

Häufig übernehmen Mitarbeiter (Beamte / Beschäftigte), deren Rechtsverhältnisse nach unterschiedlichen Regelungen geordnet sind, gleichartige Funktionen. Dies führt zu unterschiedlichen Rechten und Pflichten. Die o. g. Tätigkeiten der Beschäftigten in den Personalbereichen unterscheiden sich nicht grundsätzlich von denen der dort tätigen Verwaltungsbeamten.

Unterschiede zwischen Beamten und Beschäftigten im öffentlichen Dienst [Rechtliche Zweispurigkeit[6] des öffentlichen Dienstes]	
Beamte	Beschäftigte
Öffentliches Recht (besonderes Verwaltungsrecht)	**Privatrecht** (Arbeitsrecht)
Regelung durch oder aufgrund von Gesetzen	**Regelung** durch Tarifverträge
Ernennung durch Verwaltungsakt	**Begründung** durch Arbeitsvertrag als Unterart des Dienstvertrages, §§ 611 ff. BGB
Beendigung nur durch oder aufgrund einer gesetzlichen Regelung • Versetzung in den Ruhestand • Entlassung • Entfernung aus dem Beamtenverhältnis • Verlust der Beamtenrechte	**Beendigung** durch • ordentliche oder • außerordentliche Kündigung • Auflösungsvertrag • Zeitablauf • Erreichen der Altersgrenze • verminderte Erwerbsfähigkeit
Pflichten, u. a. voller persönlicher Einsatz an den Beruf (Pflichten sind im BeamtStG sowie im SächsBG enthalten)	**Pflichten** gemäß Arbeitsvertrag
Alimentationsprinzip (amtsangemessene Besoldung für die Beamten und dessen Familien)	**Arbeitsentgelt** als Gegenleistung für die vertraglich geschuldete Leistung
Eigenständige beitragsfreie Versorgung (richtet sich nach Sächsischen Beamtenverorgungsgesetz)	**Sozialversicherung,** nach SGB VI

6 Wird auch als *Dualismus* bezeichnet.

Unterschiede zwischen Beamten und Beschäftigten im öffentlichen Dienst [Rechtliche Zweispurigkeit des öffentlichen Dienstes]	
Beamte	Beschäftigte
Streikverbot, Art. 33 V GG	**Streikrecht**
Rechtsweg zu den **Verwaltungsgerichten**	Rechtsweg zu den **Arbeitsgerichten**

2. Gesetzgebungskompetenzen

Zunächst ein Überblick zu den Gesetzgebungskompetenzen:

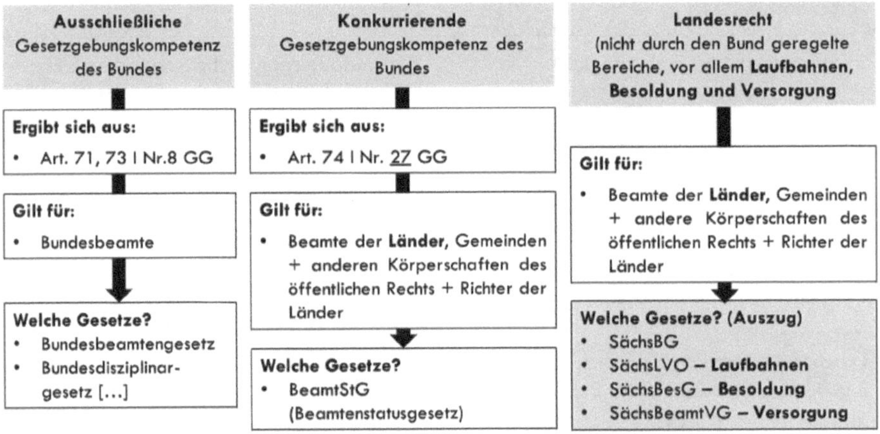

Landesrecht am Beispiel des Freistaates Sachsen

2.1 Ausschließliche Gesetzgebungskompetenz des Bundes

Der Bund hat die ausschließliche Gesetzgebungskompetenz für den Bereich der Bundesbeamten nach Art. 71, 73 Abs. 1 Nr. 8 GG.
Auf dieser Grundlage sind unter anderem

- das Bundesbeamtengesetz (BBG),
- das Bundesdisziplinargesetz (BDG),
- das Bundesbesoldungsgesetz (BBesG) und
- das Beamtenversorgungsgesetz (BeamtVG) ergangen.

Zusätzlich dazu sind auf Grundlage dieser Gesetze zahlreiche Rechtsverordnungen (Art. 80 GG) erlassen worden, u. a. zu den Themen

- Laufbahnen[7],
- Beihilfe[8],
- Trennungsgeld[9],
- Arbeitszeiten[10],
- Nebentätigkeit[11] sowie
- Erholungs[12]- und Sonderurlaub[13].

Für die Auseinandersetzung mit dem sächsischen Beamtenrecht ist diese Gesetzgebungskompetenz nicht von Bedeutung. Sie ist bloß aus Vollständigkeitsgründen hier erwähnt.

2.2 Konkurrierende Gesetzgebungskompetenz des Bundes

Die beiden wichtigsten konkurrierenden[14] Gesetzgebungskompetenzen des Bundes im Bereich des Beamtenrechts sind

- die Statusregelungskompetenzen (Art. 74 Abs. 1 Nr. 27 GG) sowie
- die Kompetenz für die Staatshaftung (Art. 74 Abs. 1 Nr. 25 GG).

Statusregelungskompetenz, Art. 74 Abs. 1 Nr. 27 GG:

> (1) Die konkurrierende Gesetzgebung erstreckt sich auf folgende Gebiete:
> [...]
> 27. die Statusrechte und -pflichten der Beamten der Länder, Gemeinden und anderen Körperschaften des öffentlichen Rechts sowie der Richter in den Ländern mit Ausnahme der Laufbahnen, Besoldung und Versorgung; [...]

---

7 = Bundeslaufbahnverordnung (BLV), Bundespolizeilaufbahnverordnung (BPolLV)
8 = Bundesbeihilfeverordnung (BBhV)
9 = Trennungsgeldverordnung (TGV)
10 = Arbeitszeitverordnung (AZV)
11 = Bundesnebentätigkeitsverordnung (BNV)
12 = Erholungsurlaubsverordnung (EUrlV)
13 = Sonderurlaubsverordnung (SUrlV)
14 Abweichend von der Grundregel, dass für die Gesetzgebung die Länder zuständig sind, weist das Grundgesetz (GG) im Bereich der konkurrierenden Gesetzgebung das Gesetzgebungsrecht auch dem Bund zu. Wo der Bund von seinem Recht Gebrauch macht, können die Länder grundsätzlich keine Gesetze mehr erlassen (Art. 72 GG). Schon bestehendes Landesrecht tritt außer Kraft (Art. 31 GG).

Der Bundesrat muss gemäß Art 74 Abs. 2 GG zustimmen. Im Rahmen dieser konkurrierenden Gesetzgebungskomptenz ist aber weder ein Bedürfnis nach einer bundeseinheitlichen Regelung gemäß Art. 72 Abs. 2 GG zu „prüfen" noch haben die Länder ein Abweichungsrecht gemäß Art. 72 Abs. 3 GG. Auf dieser Grundlage ist das Beamtenstatusgesetz (BeamtStG) ergangen.
Die Bereiche

- Laufbahnen,
- Besoldung und
- Versorgung

sind von der konkurrierenden Gesetzgebung ausdrücklich ausgenommen.

Exkurs:

Beamtenstatusgesetz

Das Beamtenrechtsrahmengesetz (BRRG) wurde zum 1.4.2009 weitgehend durch das BeamtStG abgelöst.[15] Das BeamtStG gilt unmittelbar und bedarf demnach keiner Umsetzung durch Landesrecht.
Die Zielrichtung des Gesetzes ist die Festlegung von beamtenrechtlichen Grundstrukturen zur Gewährleistung der erforderlichen **Einheitlichkeit des Dienstrechts,** insbesondere zur Sicherstellung von Mobilität der Beamten bei Dienstherrnwechsel. Im Gesetz selber finden sich z. B.

- der Begriff der Dienstherrnfähigkeit (§ 2 BeamtStG)
- Art, Dauer, Voraussetzung eines Beamtenverhältnisses sowie Nichtigkeits- und Rücknahmegründe der Ernennung (§§ 3 bis 12 BeamtStG)
- Regelungen zur Abordnung, Versetzung und Zuweisung (§§ 13 bis 20 BeamtStG)
- Voraussetzungen und Formen der Beendigung eines Beamtenverhältnisses (§§ 21 bis 32 BeamtStG)
- Grundlegende Statusrechte und Pflichten (§§ 33 bis 50 BeamtStG)

Wie oben bereits angedeutet, entfaltet das BeamtStG eine **Sperrwirkung** für den Landesgesetzgeber, da der Bund umfassend von seiner Gesetzgebungskompetenz gem. Art. 74 Abs. 1 Nr. 27 GG Gebrauch gemacht hat. Dennoch haben die Länder die Möglichkeit, vom BeamtStG abweichende oder zumindest ergänzende Regelungen zu schaffen.

15 Das BRRG trat mit Ausnahme von Kapitel II und § 135 außer Kraft, s. auch § 63 Abs. 3 BeamtStG.

Beispiel:

*In § 10 Satz 1 BeamtStG wird als Voraussetzung für die Ernennung auf Lebenszeit geregelt, dass die Beamten sich in einer Probezeit bewähren müssen. Für die Probezeit gibt die Vorschrift einen Rahmen von mindestens **sechs Monaten bis höchstens fünf Jahren vor.** Die Länder müssen also eine Probezeit festlegen, können aber die Länge der Probezeit innerhalb dieser Spanne eigenständig regeln.*

Für die Bundesbeamten beträgt die Probezeit grundsätzlich **drei Jahre**, § 11 Abs. 1 Satz 3 BBG.
Für die Beamten des Freistaates Sachsen beträgt die Probezeit (ebenfalls) grundsätzlich drei Jahre, § 26 Abs. 2 SächsBG. Eine weitere Auseinandersetzung mit der Thematik Probezeit folgt an anderer Stelle.
Zum Vergleich: Für die Beamten des Freistaates Bayern beträgt die Probezeit grundsätzlich **zwei Jahre**, Art. 12 Abs. 2 S. 2 Leistungslaufbahngesetz (LlbG).

Staatshaftung, Art. 74 Abs. I Nr. 25 GG:

(1) Die konkurrierende Gesetzgebung erstreckt sich auf folgende Gebiete:
[...]
25. die Staatshaftung; [...]

Von dieser Kompetenz hat der Bund bislang keinen Gebrauch gemacht. Der Grund liegt auch darin, dass sich die Amtshaftung im Wege des § 839 BGB auf bürgerliches Recht stützt (Art. 74 Abs. 1 Nr. 1 GG). Sollte der Bund ein solches Gesetz erlassen, so bedürfte dies der Zustimmung des Bundesrates, Art. 74 Abs. 2 GG.

2.3 Gesetzgebungskompetenzen der Länder

Seit der Föderalismusreform I 2006 sind die Bereiche

- Laufbahnen,
- Besoldung und
- Versorgung

der Landes- und Kommunalbeamten von einer bundesrechtlichen Normierung ausgenommen. So verbleibt den Ländern die Verabschiedung eigener Landesbeamtengesetze.

Für die o. g. Bereiche gelten in Sachsen folgende Gesetze bzw. Verordnungen:

- Sächsische Laufbahnverordnung (SächsLVO)
- Sächsisches Besoldungsgesetz (SächsBesG) [16]
- Sächsisches Beamtenversorgungsgesetz (SächsBeamtVersG)

Darüber hinaus sind – je nach Themenbereich – folgende Gesetze und Verordnungen von Relevanz:

⇨ Sächsisches Beamtengesetz (SächsBG)
⇨ Ernennungsverordnung (ErnVO)
⇨ Sächsisches Disziplinargesetz (SächsDG)
⇨ Sächsisches Reisekostengesetz (SächsRKG)
⇨ Sächsisches Umzugskostengesetz (SächsUKG)
⇨ Sächsisches Personalvertretungsgesetz (SächsPersVG)
⇨ Sächsische Arbeitszeitverordnung (SächsAZVO)
⇨ Sächsische Beurteilungsverordnung (SächsBeurtVO)
⇨ Sächsische Nebentätigkeitsverordnung (SächsNTVO)
⇨ Sächsische Trennungsgeldverordnung (SächsTGV)
⇨ Sächsische Jubiläumszuwendungsverordnung (SächsJubVO)
⇨ Sächsische Erschwerniszulagen- und Mehrarbeitsvergütungsverordnung (SächsEMAVO)
⇨ Sächsische Urlaubs-, Mutterschutz- und Elternzeitverordnung (SächsUrlMuEltVO)
⇨ Sächsische Beihilfeverordnung (SächsBhVO)

Weiterhin gilt es zu wissen, dass viele Details auch in Verwaltungsvorschriften geregelt sind. Beispielhaft sei erwähnt:
Verwaltungsvorschrift des Sächsischen Staatsministeriums des Innern zur Begründung und Beendigung eines Beamtenverhältnisses (VwV Beamtenverhältnis)

16 Dazu auch: VwV zum Vollzug des Sächsischen Besoldungsgesetzes (VwV SächBesG)

3. Verfassungsrechtliche Grundlagen – Artikel 33 Grundgesetz

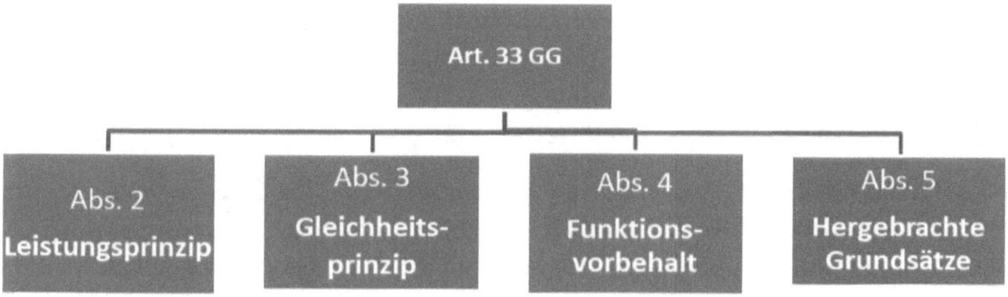

Art. 33 GG

[...]

(2) Jeder Deutsche hat nach seiner Eignung, Befähigung und fachlichen Leistung gleichen Zugang zu jedem öffentlichen Amte.
(3) Der Genuss bürgerlicher und staatsbürgerlicher Rechte, die Zulassung zu öffentlichen Ämtern sowie die im öffentlichen Dienste erworbenen Rechte sind unabhängig von dem religiösen Bekenntnis. Niemandem darf aus seiner Zugehörigkeit oder Nichtzugehörigkeit zu einem Bekenntnisse oder einer Weltanschauung ein Nachteil erwachsen.
(4) Die Ausübung hoheitsrechtlicher Befugnisse ist als ständige Aufgabe in der Regel Angehörigen des öffentlichen Dienstes zu übertragen, die in einem öffentlich-rechtlichen Dienst- und Treueverhältnis stehen.
(5) Das Recht des öffentlichen Dienstes ist unter Berücksichtigung der hergebrachten Grundsätze des Berufsbeamtentums zu regeln und fortzuentwickeln.

Die einzelnen Prinzipien werden auf den folgenden Seiten näher erläutert.

3.1 Art. 33 Abs. 2 GG (Leistungsprinzip)

Jeder Deutsche hat nach seiner Eignung, Befähigung und fachlichen Leistung gleichen Zugang zu jedem öffentlichen Amte.
Weitere Rechtsgrundlagen: Art. 91 Abs. 2 Sächsische Verfassung (BV), § 9 BeamtStG

Art. 33 Abs. 2 GG gewährleistet jedem Deutschen (Art. 116 GG) den gleichen Zugang zu jedem öffentlichen Amt, wobei nach **Eignung, Befähigung und fachlicher Leistung** über die Besetzung von Dienstposten und die Beförderung entschieden wird. Gefälligkeiten dürfen nicht zu Bevorzugungen oder Benachteiligungen führen. Abzustellen ist allein auf die Qualifikation. Somit ist das Leistungsprinzip verfassungsrechtlich verankert. Allerdingskann aus diesem Absatz kein Rechtsanspruch auf einen bestimmten Dienstposten abgeleitet werden, wohl aber auf sachgerechte Beurteilung. Trotzdem haben die einstellenden Behörden einen weiten Ermessens- und Beurteilungsspielraum.

3.2 Art. 33 Abs. 3 GG (Gleichheitsprinzip)

Der Genuss bürgerlicher und staatsbürgerlicher Rechte, die Zulassung zu öffentlichen Ämtern sowie die im öffentlichen Dienste erworbenen Rechte sind unabhängig von dem religiösen Bekenntnis. Niemandem darf aus seiner Zugehörigkeit oder Nichtzugehörigkeit zu einem Bekenntnisse oder einer Weltanschauung ein Nachteil erwachsen.
Weitere Rechtsgrundlagen: § 9 BeamtStG

Art. 33 Abs. 3 GG beschreibt das **Gleichheitsprinzip**, indem der Grundgesetzgeber klarstellt, dass die Zulassung zu öffentlichen Ämtern unabhängig vom religiösen Bekenntnis und der Weltanschauung ist, wozu auch die parteipolitische Überzeugung gehört. Gleichzeitig verbieten **beide Absätze** die ungleiche Behandlung weiblicher und männlicher Beamter. Auch die Zugehörigkeit zu einer bestimmten Religion oder Weltanschauung (z. B. Marxismus) darf sich nicht nachteilig auf den Beamten (oder den Beschäftigten) auswirken. Grenzen sind (natürlich) dann überschritten, wenn z. B. gegen die Verfassungstreuepflicht verstoßen wird (§ 33 Abs. 1 Satz 2 BeamtStG).

3.3 Art. 33 Abs. 4 GG (Funktionsvorbehalt)

Die Ausübung hoheitsrechtlicher Befugnisse ist als ständige Aufgabe in der Regel Angehörigen des öffentlichen Dienstes zu übertragen, die in einem öffentlich-rechtlichen Dienst- und Treueverhältnis stehen.
Weitere Rechtsgrundlagen: § 3 Abs. 2 BeamtStG

Art. 33 Abs. 4 GG beinhaltet sowohl den **Funktionsvorbehalt** als auch die **institutionelle Garantie**. Der Funktionsvorbehalt bedeutet, dass die Ausübung hoheitsrechtlicher Befugnisse als ständige Aufgabe im Regelfall Beamten vorbehalten bleiben soll.
Der Begriff *hoheitsrechtliche Befugnisse* bezieht sich z. B. auf die klassische Eingriffsverwaltung: wie beispielsweise

- Polizei, Zoll, Justiz, Bauaufsicht, Finanzen.

Die institutionelle Garantie bedeutet das Verbot, das Beamtentum herkömmlicher und bewährter Ausgestaltung gänzlich abzuschaffen. Dies wäre nur durch eine Änderung des

Art. 33 GG möglich, da die institutionelle Garantie nicht unter die Ewigkeitsgarantie nach Art. 79 Abs. 3 GG fällt.

3.4 Art. 33 Abs. 5 GG (Hergebrachte Grundsätze)

Das Recht des öffentlichen Dienstes ist unter Berücksichtigung der hergebrachten Grundsätze des Berufsbeamtentums zu regeln und fortzuentwickeln.

Nach **Art. 33 Abs. 5 GG** ist das Recht des öffentlichen Dienstes unter Berücksichtigung der **hergebrachten Grundsätze des Berufsbeamtentums** zu regeln und fortzuentwickeln[17], also an aktuelle Entwicklungen und veränderte Umstände anzupassen. Dabei handelt es sich nicht um Programmsätze oder Anweisung an den Gesetzgeber, sondern um unmittelbar geltendes Recht.

Die Formulierung „hergebrachte Grundsätze des Berufsbeamtentums" ist ein unbestimmter Rechtsbegriff. Aufgrund dessen musste sich das Bundesverfassungsgericht (BVerfG) schon mehrfach mit seiner Auslegung auseinandersetzen. Die Definition des BVerfG lautet[18]:

> *„Die hergebrachten Grundsätze des Berufsbeamtentums sind **Kernbestand von Strukturprinzipien**, die allgemein oder doch ganz überwiegend und während eines längeren, Tradition bildenden Zeitraums, **mindestens unter der Weimarer Reichsverfassung**, als **verbindlich anerkannt und gewahrt worden** sind."*

In der Zeit des Nationalsozialismus konnten indes keine hergebrachten Grundsätze entwickelt werden, weil diese stets auch rechtsstaatlichen Kriterien nach Art. 20; 79 Abs. 3 GG zu genügen haben.

Hergebrachte Grundsätze des Berufsbeamtentums

(Hinweis: Dieser Aspekt gehört zum Grundlagenwissen)

- Das **öffentlich-rechtliche Dienst- und Treueverhältnis** (Für Beamte ergeben sich von je her besondere Berufspflichten, vor allem die Pflicht zu Treue und Gehorsam.)
- Das **achtungs- und vertrauenswürdige Verhalten** (Beamte sind als Repräsentanten des Staates gehalten, ihr Verhalten innerhalb und außerhalb des Dienstes so auszurichten, dass es den Erfordernissen ihres Berufes gerecht wird.)
- Die **Amtsverschwiegenheit** (Dieser Grundsatz gilt auch nach Beendigung des aktiven Beamtenverhältnisses fort.)

---

17 Im Zuge der Föderalismusreform wurde diese Ergänzung eingefügt. Von dieser Regelung verspricht sich der Gesetzgeber größere Gestaltungsspielräume.

18 BVerfGE 8, S. 332/343 und BVerfGE 83, S. 89/98

- Die **Alimentation** (Grundsatz der amtsangemessenen Besoldung und Versorgung der Beamten und ihrer Familie) gemäß SächsBG, SächsBeamtVG
- Das **Lebenszeitprinzip** (ist darauf ausgerichtet, Beamte lebenslänglich anzustellen) – § 4 Abs. 1 Satz 2 BeamtStG
- Das **Laufbahnprinzip** (ist eng verknüpft mit *lebenslangen* Berufsbeamten)
- Das **Leistungsprinzip** (sichert und beherrscht den grundgesetzlich verankerten Zugang zu allen öffentlichen Ämtern, beim Eintritt in den Staatsdienst und beim Aufstieg) – Art. 33 Abs. 2 GG, Art. 91 Abs. 2 SV
- Die **unparteiische Amtsführung** (Beamte haben sich bei der Wahrnehmung ihrer Aufgaben parteipolitisch neutral zu verhalten.) – § 33 Abs. 1 Satz 1 und 2 BeamtStG
- **Unzulässigkeit des Beamtenstreiks** (Verbot kollektiver Maßnahmen zur Wahrung gemeinsamer Berufsinteressen) – Art. 33 Abs. 5 GG
- Die **Fürsorgepflicht gem. § 45 BeamtStG** (als Gegenstück zur Treuepflicht der Beamten gegenüber dem Dienstherrn), dazu zählt auch die grundsätzliche Haftung des Staates bei Amtspflichtverletzung.
- Der **gerichtliche Rechtsschutz** (Beamte sind über Beschwerden und Behauptungen tatsächlicher Art zu hören, ihnen ist der Beschwerdeweg einzuräumen.)
- Das **Recht auf Beamtenvertretungen** (Beamte haben das Recht, sich in Gewerkschaften oder Berufsverbänden zusammenzuschließen.) – sog. Koalitionsrecht gem. § 52 BeamtStG, Art. 9 GG

Diese Grundsätze sind allerdings einem ständigen Wandel unterworfen. Den Anforderungen und Bedürfnissen der Zeit entsprechend werden sie angepasst und weiterentwickelt, damit das Berufsbeamtentum mit den gesellschaftlich veränderten Situationen Schritt hält. Die Grundsätze sind (mit Ausnahme der Staatshaftung bei Amtspflichtverletzung, Art. 34 GG) in den Beamtengesetzen und den dazu erlassenen Rechtsverordnungen festgeschrieben.

Art. 33 Abs. 4 und 5 GG ist im Zusammenhang zu sehen und gilt **nur für das Berufsbeamtentum**. Beide Absätze enthalten das Bekenntnis des Grundgesetzgebers zum Berufsbeamtentum (**institutionelle Garantie**). Institutionelle Garantie bedeutet, dass das Beamtentum nicht etwa durch Staatsarbeitsnehmer auf vertraglicher Basis ersetzt werden darf.

Exkurs: Streikverbot
Pressemitteilung BVerfG Nr. 46/2018 vom 12.6.2018[19]
SACHVERHALT: Die Beschwerdeführenden sind oder waren als beamtete Lehrkräfte an Schulen in drei verschiedenen Bundesländern tätig. Sie nahmen in der Vergangenheit während der Dienstzeit an Protestveranstaltungen bzw. Streikmaßnahmen einer Gewerkschaft teil. Diese Teilnahme wurde durch die zuständigen Disziplinarbehörden geahndet. Zur Begründung wurde ausgeführt, die Streikteilnahme stelle einen Verstoß gegen grundlegende beamtenrechtliche Pflichten dar. Insbesondere dürfe ein Beamter nicht ohne Genehmigung dem Dienst fernbleiben.
Das BVerfG urteilte klar. Hier zwei Auszüge, in denen die Bedeutung des Streikverbotes für ein funktionierendes Beamtentum verdeutlicht wird:
BVerfG: [...] enge inhaltliche Verknüpfung mit den verfassungsrechtlichen Fundamenten des Berufsbeamtentums in Deutschland, namentlich der beamtenrechtlichen Treuepflicht sowie dem Alimentationsprinzip, aufweist. [...]
BVerfG: [...] Eine ausdrückliche gesetzliche Normierung des Streikverbots für Beamte ist von Verfassungs wegen nicht gefordert. Die in den Landesbeamtengesetzen enthaltenen Regelungen zum Fernbleiben vom Dienst und die gesetzlich normierten beamtenrechtlichen Grundpflichten der uneigennützigen Amtsführung zum Wohl der Allgemeinheit sowie der Weisungsgebundenheit stellen jedenfalls in ihrer Gesamtheit eine hinreichende Konkretisierung des aus Art. 33 Abs. 5 GG folgenden Streikverbots dar. [...]

4. Grundbegriffe des Beamtenrechts

4.1 Beamtenbegriff

Ausgangspunkt ist der Begriff des Beamten im staatsrechtlichen Sinne, § 1 SächsBG.
Gesetzestext (mit Markierungen durch den Verfasser):

§ 1 SächsBG (Geltungsbereich)
Dieses Gesetz gilt für die Beamten des Freistaates Sachsen (**Staatsbeamte**), der **Gemeinden, Landkreise und sonstigen** der Aufsicht des Freistaates Sachsen unterstehenden Körperschaften, Anstalten und Stiftungen des öffentlichen Rechts.

19 Urt. vom 12.6.2018 – 2 BvR 1738 / 12 –, – 2 BvR 646 / 15 –,– 2 BvR 1068 / 14 –,– 2 BvR 1395 / 13 –

Sie erkennen an meinen Hervorhebungen, dass es sowohl **Staatsbeamte als auch Nicht-Staatsbeamte**[20] gibt.

Darüber hinaus gibt es den besonderen Kreis der kommunalen Wahlbeamten.

Kommunale Wahlbeamte § 145 SächsBG	**Ernannte Beamte i. S. d. SächsBG = Beamte im status- und dienstrechtlichen Sinne**
§ 145 SächsBG: Kommunale Wahlbeamte i. S. d. Teils sind: 1. die **Bürgermeister**, 2. die **Landräte**, 3. die **Beigeordneten**, 4. die **Verbandsvorsitzenden** von Verwaltungsverbänden, 5. die **Ortsvorsteher**, 6. die **Amtsverweser**.	Hauptberuflich tätige Beamte

MERKE
Kommunale Wahlbeamte sind entweder
Beamte auf Zeit (§ 5 SächsBG) oder Ehrenbeamte (§ 6 SächsBG).

4.2 Begriff Amt

Es gibt drei wesentliche Amtsbegriffe. Um z. B. die funktionellen Änderungen im Beamtenverhältnis (*Versetzung, Abordnung, Umsetzung*) verstehen zu können, ist es wichtig, die drei Amtsbegriffe näher zu betrachten.

Amt ...		
im **statusrechtlichen** Sinne	im **abstrakt-funktionellen** Sinne („Amtsstelle“)	im **konkret-funktionellen** Sinne („Dienstposten“)
ändert sich z. B. durch Beförderung	**ändert sich** z. B. durch Versetzung *oder* Abordnung	**ändert sich** z. B. durch Umsetzung (gesetzlich nicht geregelt)

20 Der Begriff Nicht-Staatsbeamte ist aus meiner Sicht unglücklich, denn er suggeriert, dass in der Außenwirkung nicht der Staat auftritt. Daher schlage ich vor, den Begriff der Kommunalbeamten (im weiteren Sinne) zu verwenden.

Amt im statusrechtlichen Sinne

Das Amt im statusrechtlichen Sinne umfasst die (von der wahrgenommenen Funktion losgelöste) persönliche Rechtsstellung des Beamten. Es beinhaltet die Amtsbezeichnung, die Laufbahn, die Laufbahngruppe sowie die Besoldungsgruppe. Das erste Mal wird ein Amt im statusrechtlichen Sinn grundsätzlich mit der Ernennung auf Probe verliehen. Beamte auf Widerruf haben daher noch kein Amt im statusrechtlichen Sinn.

Allgemeine Merkmale des Amtes im statusrechtlichen Sinne sind:

- Amtsbezeichnung
- Fachlaufbahn
- Besoldungsgruppe

Beispiel:

- Regierungsinspektorin
- Verwaltung und Finanzen
- A9 (Besoldungsgruppe)

Dieses Amt ändert sich z. B. durch Beförderung, siehe dazu § 8 Abs. 1 Nr. 3 BeamtStG:

> *Einer Ernennung bedarf es zur*
> *[...] 3. Verleihung eines anderen Amtes mit anderem Grundgehalt [...]*

Im o. g. Beispiel würde sich im Falle einer **Beförderung** sowohl

- die Amtsbezeichnung (neu: Regierungsoberinspektorin) als auch
- die Besoldungsgruppe ändern (neu: A10).

Das Amt im statusrechtlichen Sinne hat für den Beamten eine herausragende Bedeutung, da sich danach sein Pflichtenkreis, seine Besoldung und seine Versorgung bestimmen.

Amt im abstrakt-funktionellen Sinne

Dieses Amt beschreibt den abstrakten Aufgabenkreis bei einer Behörde.
Beispiel:

- Regierungsinspektorin im Staatsministerium des Innern (= Verbindung von Amtsbezeichnung und Behördenzugehörigkeit)

Dieses Amt ändert sich z. B. durch **Versetzung**[21] zu einer anderen Behörde, z. B. zu einem anderen Ministerium oder auch zu einer anderen Behörde innerhalb des bisherigen Staatsministeriums des Innern[22]).

Amt im konkret-funktionellen Sinne

Dieses Amt beschreibt den konkret zugewiesenen Aufgabenbereich bei einer Behörde. Dieses Amt ändert sich z. B. durch die **Umsetzung, die gesetzlich nicht geregelt ist.**
Beispiel:
Die o. g. Regierungsinspektorin, tätig beim Staatsministerium des Innern, ist momentan als Sachbearbeiterin in der Abteilung 2 (Recht und Kommunales) im Referat 22 (Kommunale Grundsatzangelegenheiten) tätig und wechselt für sechs Monate in die Abteilung 4 (Bevölkerungsschutz) in das Referat 42 (Brandschutz, Feuerwehrwesen).

4.3 Dienstherr

§ 2 BeamtStG (Hervorhebungen durch den Verfasser)

Das **Recht**, Beamtinnen und **Beamte zu haben,** besitzen

1. Länder, Gemeinden und Gemeindeverbände,
2. sonstige Körperschaften, Anstalten und Stiftungen des öffentlichen Rechts, die dieses Recht im Zeitpunkt des Inkrafttretens dieses Gesetzes besitzen oder denen es durch ein Landesgesetz oder aufgrund eines Landesgesetzes verliehen wird.

§ 2 BeamtStG muss, was den Begriff Dienstherr angeht, im Zusammenhang mit § 1 SächsBG betrachtet werden:

Gesetzestext (mit Markierungen durch den Verfasser):

§ 1 SächsBG (Geltungsbereich)
Dieses Gesetz gilt für die Beamten des Freistaates Sachsen (**Staatsbeamte**), der **Gemeinden, Landkreise und sonstigen** der Aufsicht des Freistaates Sachsen unterstehenden Körperschaften, Anstalten und Stiftungen des öffentlichen Rechts.

Demnach gibt es in Sachsen die folgenden Dienstherrn:

- Freistaat Sachsen [Staatsbeamte]
- Gemeinden
- Gemeindeverbände (Landkreise und Bezirke)

---

21 = dauerhafter Behördenwechsel
22 Wichtig ist in diesem Zusammenhang immer der konkrete Behördenaufbau, der die einzelnen Behörden ausweist.

- Sonstige Körperschaften, Anstalten und Stiftungen
  - Beispiele: Verwaltungsverbände, Zweckverbände

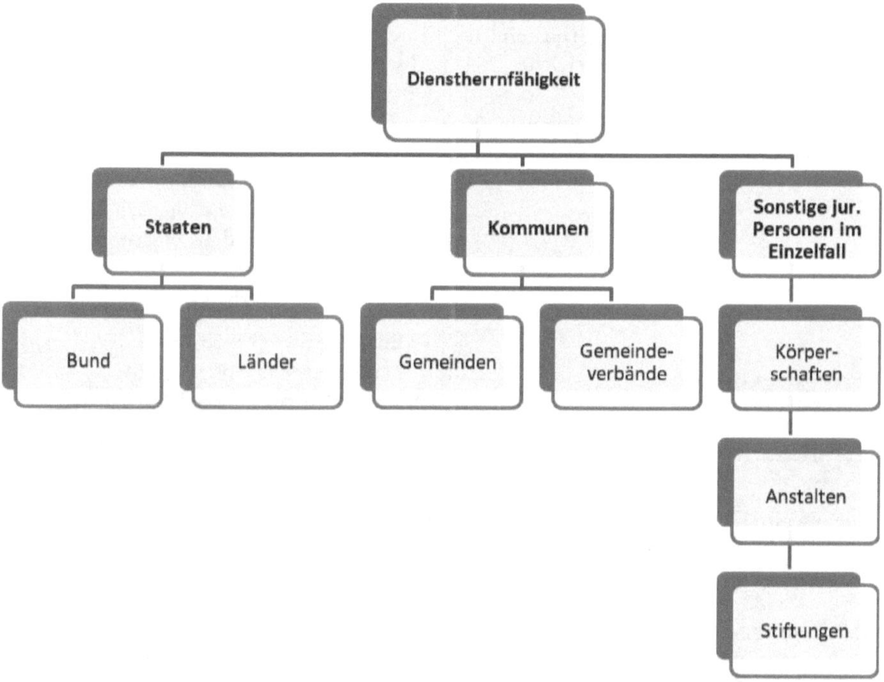

Übersicht zur Dienstherrnfähigkeit – bezogen auf das Bundesgebiet

4.4 Oberste Dienstbehörde

> **§ 2 SächsBG (Hervorhebung durch den Verfasser)**
> Oberste Dienstbehörde des Beamten ist die oberste Behörde seines Dienstherrn, in deren Dienstbereich er ein Amt bekleidet. [...]

An dieser Stelle ist es – für das Gesamtverständnis – zwingend erforderlich, die Unterteilung in die Gruppe der **Staatsbeamten** und den **Nicht-Staatsbeamten** vorzunehmen, wobei der Begriff *Nicht-Staatsbeamte* irritierend wirkt. Ein alternativer (und aus Sicht des Verfassers verständlicherer Begriff) ist der der Kommunalbeamten im weiteren Sinne.

Oberste Dienstbehörde	
... für die Staatbeamten	... für die Kommunalbeamten
Oberste Dienstbehörde ist das **Staatsministerium** des jeweiligen Geschäftsbereiches (Ressortprinzip), z. B. das Staatsministerium des Innern. [siehe auch Art. 59, 63 SV]	**Eine wichtige Rechtsvorschrift ist § 146 Abs. 2 SächsBG, in dem es heißt:** Oberste Dienstbehörde [...] für die Beamten der Gemeinde einschließlich der Beigeordneten und der Ortsvorsteher ist der **Bürgermeister**. Oberste Dienstbehörde [...] für die Beamten des Landkreises einschließlich der Beigeordneten ist der **Landrat**. Oberste Dienstbehörde [...] für die Beamten des Verwaltungsverbandes ist der **Verbandsvorsitzende**. • Bürgermeister → § 53 Abs. 4 • Landrat → § 49 Abs. 4 • Verbandsvorsitzender → § 22 SächsKomZG

MERKE

Die oberste Dienstbehörde stellt z. B. die Nichtigkeit der Ernennung fest, § 13 Abs. 1 SächsBG.

4.5 Dienstvorgesetzter und Vorgesetzter

§ 2 II SächsBG (Hervorhebung durch den Verfasser)
Der Dienstvorgesetzte ist für Entscheidungen in **beamtenrechtlichen Angelegenheiten** der ihm nachgeordneten Beamten zuständig, soweit gesetzlich nichts anderes geregelt ist. Dienstvorgesetzter ist der **Leiter der Behörde**, der der Beamte angehört. [...]

Dienstvorgesetzter	
... für die Staatbeamten	... für die Kommunalbeamten
Unmittelbare Dienstvorgesetzte sind grundsätzlich die jeweiligen **Behördenleitungen**. Höhere Dienstvorgesetzte sind die Leitungen der nächsthöheren Behörde. *Beachte auch: Verordnung des Sächsischen Staatsministeriums des Innern zur Bestimmung des Dienstvorgesetzten (DienstVVO-SMI)*	§ 146 II SächsBG • **Gemeinde** →Bürgermeister (§ 53 Abs. 4 SächsGemO) • **Landkreis**→Landrat (§ 49 Abs. 4 SächslKrO) • **Verwaltungsverband** →Verbandsvorsitzende (§ 22 Abs. 2 SächsKomZG)

Befugnisse des Dienstvorgesetzten – *abgekürzt DV* (Auszug):

- § 71 SächsBG: Beamte dürfen nicht ohne Genehmigung des DV dem Dienst fernbleiben.
- § 94 SächsBG: Ausstellung eines Dienstzeugnisses bei Beendigung des Beamtenverhältnisses, beim Wechsel des Dienstherrn / bei Bewerbung um eine Stelle bei anderen Dienstherrn / außerhalb des öffentlichen Dienstes.
- § 106 SächsBG: Im Zusammenhang mit dem Verbot bzw. mit Genehmigungen für Nebentätigkeiten.

Wie Sie nach diesen Ausführungen erkennen können, ist der Kreis der Dienstvorgesetzten deutlich enger als der der Vorgesetzten.

§ 2 Abs. 3 SächsBG (Hervorhebung durch den Verfasser)
Der Vorgesetzte ist dafür zuständig, dem Beamten für seine **dienstliche Tätigkeit Weisungen** zu erteilen. Wer Vorgesetzter ist, bestimmt sich nach dem Aufbau der Verwaltung.

Je nach Behördenzugehörigkeit kann der Vorgesetze unterschiedliche Bezeichnungen haben, wie etwa

- Sachgebietsleiter, Gruppenleiter, Abteilungsleiter, Amtsleiter.

MERKE
Vorgesetzter ist jeder Dienstvorgesetzte und jeder dienstlich übergeordnete Beamte.

4.6 Ernennungsbehörde

Um die Sachverhaltsbeurteilung im Ernennungsrecht erfolgreich zu bestehen, ist es auch zwingend erforderlich, sich mit dem Begriff der Ernennungsbehörde auseinander zu setzen.

Ernennungsbehörde (§ 10 SächsBG)	
... für die Staatbeamten	... für die Kommunalbeamten
§ 10 Abs. 2 SächsBG: Die **Staatsbeamten** werden vom **Ministerpräsidenten** ernannt, soweit gesetzlich nichts anderes bestimmt ist. Er kann diese Befugnis durch Rechtsverordnung auf andere Behörden **übertragen.** *(o. g. Hervorhebung durch den Verfasser)*	**§ 10 Abs. 3 SächsBG:** Die Beamten der **Gemeinden**, der **Landkreise** und der **sonstigen** der Aufsicht des Freistaates Sachsen unterstehenden Körperschaften, Anstalten und Stiftungen des öffentlichen Rechts werden von den **nach Gesetz, Rechtsverordnung oder Satzung** hierfür **zuständigen Stellen** ernannt. *(o. g. Hervorhebung durch den Verfasser)*

Ernennungsbehörde (§ 10 SächsBG)	
... für die Staatbeamten	... für die Kommunalbeamten
Übertragung durch die ErnVO GRUNDSATZ – § 1: Laufbahngruppen 1 und 2 bis A15 [...] durch den jeweiligen Staatsminister [...] AUSNAHMEN – § 3: Laufbahngruppe 1 und 2 bis einschl. A13 durch die Behördenleiter der allgemeinen Staatsbehörde und oberen besonderen Staatsbehörde [...] *u. a. Besonderheiten im Geschäftsbereich des Staatsministeriums* ***der Justiz (§ 3 Abs. 3 ErnVO)***	**Am Beispiel der Gemeinde:** § 28 Abs. 4 SächsGemO: Über die Ernennung von Gemeindebediensteten entscheidet der Gemeinderat im Einvernehmen mit dem Bürgermeister. Kommt es zu keinem Einvernehmen, entscheidet der Gemeinderat mit einer Mehrheit von zwei Dritteln der anwesenden Stimmberechtigten. Der Bürgermeister ist zuständig, soweit der Gemeinderat ihm die Entscheidung überträgt oder diese zur laufenden Verwaltung gehört. [DELEGATION AN BÜRGERMEISTER MÖGLICH]

4.7 Arten von Beamtenverhältnissen

Nachfolgend eine Übersicht zu den verschiedenen Beamtenverhältnissen anhand eines typischen Werdeganges eines sog. Regelbewerbers:

Ernennung auf **Widerruf**	Ernennung auf **Probe**	Ernennung auf **Lebenszeit**	Eintritt oder Versetzung in den **Ruhestand**
Vorbereitungsdienst	Probezeit	Lebenszeitbeamter als Regel (= hergebrachter Grundsatz des Berufsbeamtentums)	
Beamtenverhältnis auf Widerruf	Beamtenverhältnis auf Probe	Beamtenverhältnis auf Lebenszeit	

4.7.1 Beamtenverhältnis auf Widerruf

Beamte auf Widerruf sind jene Beamte im Vorbereitungsdienst, der mit der Laufbahnprüfung abschließt (Regelfall gem. § 4 Abs. 4a BeamtStG). Im Vorbereitungsdienst sollen diesen Beamten die für die Laufbahn erforderlichen Kenntnisse und Fähigkeiten vermittelt werden. Für diese Personengruppe(n) gelten grundsätzlich die allgemeinen beamtenrechtlichen Regelungen, welche jedoch durch den Ausbildungszweck modifiziert werden.

In **§ 22 Abs. 4 BeamtStG** heißt es (Hervorhebungen durch den Verfasser):

> [...]
> (4) Das Beamtenverhältnis auf Widerruf endet **mit Ablauf des Tages** der Ablegung oder dem endgültigen Nichtbestehen der für die Laufbahn vorgeschriebenen Prüfung, **sofern** durch Landesrecht nichts anderes bestimmt ist. [...]

Im sächsischen Beamtenrecht findet sich § 40 SächsBG, der die Regelung des § 22 Abs. 4 BeamtStG insoweit ergänzt. § 22 Abs. 4 BeamtStG bezieht sich insoweit nur auf die Laufbahnprüfung (am Ende der Ausbildung bzw. des Studiums). In § 40 Abs. 1 Nr. 2 SächsBG ist z. B. zusätzlich geregelt, dass das Beamtenverhältnis endet, wenn die **vorgeschrieben Zwischenprüfung endgültig** nicht bestanden wurde.

Im Übrigen können diese Beamten jederzeit durch Widerruf (s. § 23 Abs. 4 BeamtStG) entlassen werden, z. B. bei charakterlichen oder körperlichen Mängeln.

Bei diesem Beamtenverhältnis handelt es sich um ein Vorstadium zur nächsten Art von Beamtenverhältnissen, nämlich den Probebeamten. Insgesamt hat der Widerrufsbeamte (im Vergleich zum Probe- und Lebenszeitbeamten) eine wesentlich schwächere Rechtsstellung. Dies zeigt sich nicht nur bei den o. g. Entlassungstatbeständen, sondern auch beim Thema Dienstunfähigkeit: Bei dauernder Dienstunfähigkeit wird der Widerrufsbeamte nicht in den Ruhestand versetzt, sondern entlassen (und nachversichert).

4.7.2 Beamtenverhältnis auf Probe

Beamte auf Probe erfüllen bereits alle laufbahnrechtlichen Voraussetzungen einschließlich einer bestandenen Zugangsprüfung. Sie waren also regelmäßig zuvor Beamtinnen und Beamte auf Widerruf. Danach müssen sich diese Beamtinnen und Beamten in einer Probezeit ***bewähren***, um dann zur Beamtin / zum Beamten auf Lebenszeit ernannt zu werden.

Sinn und Zweck der Probezeit ist es, festzustellen, ob Eignung, Befähigung und fachliche Leistung hinreichende Gewähr dafür bieten, dass die mit dem zu verleihenden Amt verbundenen Aufgaben lebenslang erfüllt werden können. Im Vergleich zum Beamten auf Widerruf hat der Probebeamte eine gesichertere Rechtsstellung und darf z. B. nur in besonderen Einzelfällen entlassen werden (§ 23 BeamtStG).

Die Voraussetzungen, um Lebenszeitbeamter zu werden, sind in § 10 BeamtStG geregelt:

- Bewährung innerhalb der Probezeit
- Probezeit zwischen sechs Monaten und fünf Jahren

Insoweit legt das BeamtStG (auch hier) den Rahmen für die Probezeit fest. Im sächsischen Beamtenrecht sind diesbezüglich

- § 26 SächsBG und § 18 SächsLVO von hoher Relevanz:

§ 26 SächsBG (Probezeit) – mit Hervorhebungen des Verfassers
(1) Probezeit ist die Zeit im Beamtenverhältnis auf Probe, während der sich der Beamte nach Erwerb oder Feststellung der Befähigung für die Laufbahn bewähren soll. Elternzeiten oder Zeiten einer Beurlaubung ohne Dienstbezüge gelten nicht als Probezeit.
(2) Die regelmäßige Probezeit dauert **drei Jahre. = regelmäßige Probezeit**
(3) Die Staatsregierung kann durch Rechtsverordnung (= **SächsLVO**) die Verkürzung der Probezeit

1. durch Anrechnung von Zeiten hauptberuflicher Tätigkeit im öffentlichen Dienst, die nach Art und Bedeutung der Tätigkeit in der Laufbahn gleichwertig und nicht Bildungs- oder Zugangsvoraussetzung sind, oder
2. in Abhängigkeit von in der Laufbahnausbildung oder in der Probezeit erbrachten überdurchschnittlichen Leistungen zulassen.

Die Mindestprobezeit beträgt in Laufbahnen der **Laufbahngruppe 1 sechs Monate,** in Laufbahnen der **Laufbahngruppe 2 ein Jahr. = Ausnahme möglich (§ 18 Abs. 4 SächsLVO)**
(4) Kann die Bewährung bis zum Ablauf der Probezeit noch nicht festgestellt werden, kann die Probezeit bis **auf höchstens fünf Jahre** verlängert werden. [...] **= maximale Probezeit**

In § 26 Abs. 3 SächsBG wird die Staatsregierung ermächtigt, Einzelheiten zur Probezeitverkürzung zu regeln. Dies ist mit § 18 SächsLVO geschehen.

§ 18 SächsLVO (Ausgestaltung der Probezeit)
(1) Die Probezeit kann durch Anrechnung von Zeiten hauptberuflicher Tätigkeit im öffentlichen Dienst, die nach Art und Bedeutung der Tätigkeit in der Laufbahn gleichwertig sind, bis auf die Mindestprobezeit verkürzt werden, wenn diese Zeiten nicht Zugangsvoraussetzung nach § 17 des Sächsischen Beamtengesetzes sind. **= 1. Möglichkeit, käme z. B. in Betracht für einen langjährig tätigen Verwaltungsfachangestellten, der nun verbeamtet wird.**
(2) Die Probezeit kann bis auf die Mindestprobezeit verkürzt werden für Beamte, die

1. die Laufbahnprüfung,
2. die dem Vorbereitungsdienst gleichwertige oder sonstige für die Laufbahn geeignete Berufsausbildung (**z. B. VfA-Ausbildung**) oder
3. das unmittelbar für die Laufbahn qualifizierende oder sonstige für die Laufbahn geeignete Hochschulstudium (**z. B. Bachelor of Laws Fernuni Hagen**) mit überdurchschnittlichem Erfolg bestanden und in der Probezeit überdurchschnittliche

> Leistungen erbracht haben. Die Laufbahnprüfung hat mit überdurchschnittlichem Erfolg bestanden, wer eine bessere Abschlussnote als „ausreichend" erreicht hat.
> (3) Die Entscheidung über eine Verkürzung oder Verlängerung der Probezeit trifft die Ernennungsbehörde.
> (4) Der Landespersonalausschuss kann auf Antrag der obersten Dienstbehörde Ausnahmen von der Mindestprobezeit zulassen.

Man könnte die Regelung des § 18 Abs. 2 SächsLVO als leistungsbezogene Kürzung der Probezeit bezeichnen.

- § 18 Abs. 1 SächsLVO regelt die Anrechnung von Zeiten im öffentlichen Dienst

4.7.3 Beamtenverhältnis auf Lebenszeit

Das Beamtenstatusgesetz besagt in § 4 Abs. 1 Nr. 1, dass das Beamtenverhältnis auf Lebenszeit) *begründet werden kann, wenn der Beamte dauernd zur Wahrnehmung von Aufgaben i. S. d. § 3 Abs. 2 Beamtenstatusgesetz (u. a. Ausübung hoheitsrechtlicher Aufgaben) verwendet werden soll.*

Das Beamtenverhältnis auf Lebenszeit ist gem. dem Verfassungsgebot des Art. 33 Abs. 5 GG der **Regelfall.** Es bietet den stärksten Bestandsschutz und wird durch die gesetzlich geregelten Fälle der Entlassung und Entfernung aus dem Dienst begrenzt. Die Beamten auf Lebenszeit sollen dadurch die **Unabhängigkeit** gewinnen, die notwendig ist, um sich unter Abwehr interessenbedingter Einflüsse allein auf die Aufgabenerfüllung konzentrieren zu können.

5. Geschichtliche Entwicklung des Beamtentums

Nach den ersten gesetzlichen Ausgestaltungen im Preußischen Allgemeinen Landrecht von 1794 gab es erste zusammenfassende Regelungen in Deutschland im Jahr 1873 durch das Reichsbeamtengesetz. Die dort genannten Rechte und Pflichten der Beamten werden heute als wesentliche Bestandteile der hergebrachten Grundsätze bezeichnet.
Beispiel – § 10 Reichsbeamtengesetz:

> *Jeder Reichsbeamte hat die Verpflichtung, das ihm übertragene Amt der Verfassung und den Gesetzen entsprechend gewissenhaft wahrzunehmen und durch sein Verhalten in und außer dem Amte der Achtung, die sein Beruf erfordert, sich würdig zu zeigen.*

Nach dem Untergang der Monarchie (1918) gewährleistete die Weimarer Reichsverfassung von 1919 das Berufsbeamtentum und seine wohl erworbenen Rechte, insbesondere durch die Art. 128 – 130.

Artikel 128 WRV
Alle Staatsbürger ohne Unterschied sind nach Maßgabe der Gesetze und entsprechend ihrer Befähigung und ihren Leistungen zu den öffentlichen Ämtern zuzulassen.
Alle Ausnahmebestimmungen gegen weibliche Beamte werden beseitigt.
Die Grundlagen des Beamtenverhältnisses sind durch Reichsgesetz zu regeln.
Artikel 129 WRV
Die Anstellung der Beamten erfolgt auf Lebenszeit, soweit nicht durch Gesetz etwas anderes bestimmt ist. Ruhegehalt und Hinterbliebenenversorgung werden gesetzlich geregelt. Die wohlerworbenen Rechte der Beamten sind unverletzlich. Für die vermögensrechtlichen Ansprüche der Beamten steht der Rechtsweg offen.
Die Beamten können nur unter den gesetzlich bestimmten Voraussetzungen und Formen vorläufig ihres Amtes enthoben, einstweilen oder endgültig in den Ruhestand oder in ein anderes Amt mit geringerem Gehalt versetzt werden.
Gegen jedes dienstliche Straferkenntnis muß ein Beschwerdeweg und die Möglichkeit eines Wiederaufnahmeverfahrens eröffnet sein. In die Nachweise über die Person des Beamten sind Eintragungen von ihm ungünstigen Tatsachen erst vorzunehmen, wenn dem Beamten Gelegenheit gegeben war, sich über sie zu äußern. Dem Beamten ist Einsicht in seine Personalnachweise zu gewähren.
Die Unverletzlichkeit der wohlerworbenen Rechte und die Offenhaltung des Rechtswegs für die vermögensrechtlichen Ansprüche werden besonders auch den Berufssoldaten gewährleistet. Im übrigen wird ihre Stellung durch Reichsgesetz geregelt.
Artikel 130 WRV
Die Beamten sind Diener der Gesamtheit, nicht einer Partei.
Allen Beamten wird die Freiheit ihrer politischen Gesinnung und die Vereinigungsfreiheit gewährleistet.
Die Beamten erhalten nach näherer reichsgesetzlicher Bestimmung besondere Beamtenvertretungen.

Von den Nationalsozialisten wurde das sog. Gesetz zur Wiederherstellung des Berufsbeamtentums (1933) erlassen. Dadurch wurde die Möglichkeit geschaffen, sog. *politisch unzuverlässige* Beamte aus dem Dienst zu entfernen. Das Beamtenrechtsänderungsgesetz (1933) und das Deutsche Beamtengesetz (1937) wirkten einerseits vereinheitlichend, andererseits wurde die Beamtenschaft dem nationalsozialistischen Staat verpflichtet.

Beispiel:

Einführung des *Urkundenprinzips*[23] = bedeutet, die Ernennung kommt ausschließlich durch Aushändigung einer Urkunde mit entsprechendem Inhalt zustande.

23 Entspricht § 10 Abs. 2 und 12 Abs. 2 BBG

Beispiel:

Vereidigung der Beamten seit 1934 nicht mehr auf die Verfassung, sondern nur noch auf Adolf Hitler.

Die einzelnen Beamtenverhältnisse erloschen nach der Rechtsprechung des BVerfG[24] mit dem Zusammenbruch am 8.5.1945. Diese konnten trotz Eintretens der Bundesrepublik Deutschland in die Rechtsstellung des Deutschen Reiches nicht mit der Bundesrepublik fortgesetzt werden.

Das Grundgesetz für die Bundesrepublik Deutschland bekannte sich zum Berufsbeamtentum und gab dem Bund zwei Regelungskompetenzen:

- die **ausschließliche Gesetzgebung** für die Rechtsverhältnisse der in seinem Dienst stehenden Personen (Art. 73 Nr. 8 GG)
- und die **Rahmengesetzgebung** für die Gesetzgebung der Länder für die Rechtsverhältnisse der im Dienst der **Länder und Gemeinden** stehenden Personen (Art. 75 Abs. 1 Nr. 1 GG)

1953 wurde schließlich das Bundesbeamtengesetz[25] erlassen. Zudem erging im Jahr 1957 auf der Grundlage von Art. 75 GG a. F. das Beamtenrechtsrahmengesetz[26], welches jeweils durch Landesbeamtengesetze ergänzt wurde. Der Bund erhielt außerdem – durch die Einfügung des Art. 74a GG im Jahr 1971 – die Gesetzgebungskompetenz für das Besoldungsrecht auch in den Ländern. Dies wurde jedoch im Zuge der Föderalismusreform I im Jahr 2006 wieder gestrichen.[27]

Der Bund verlor demnach die Gesetzgebungskompetenz für

- die Laufbahnen,
- die Besoldung
- und die Versorgung

der Beamten der Länder und Kommunen.

Der Bund ist seither – durch Art. 74 Abs. 1 Nr. 27 GG – auf die Statusrechte und -pflichten beschränkt.

---

24 BVerfGE 3, 58; 6, 134; 15, 112

25 Bundesbeamtengesetz vom 14.7. 1953, BGBl. I S. 551

26 Beamtenrechtsrahmengesetz vom 1.7.1957, BGBl. I S. 667

27 Entsprechend dem 52. Gesetz zur Änderung des Grundgesetzes vom 28.8.2006, BGBl. I S. 2034

6. Kontrollfragen zu § 1

Die Antworten zu den Fragen finden Sie auf der nächsten Seite. Versuchen Sie zunächst, selbst die Antworten zu formulieren.

Frage 1:
Was versteht man unter dem Begriff der Dienstherrnfähigkeit? Nennen Sie auch die entsprechende Rechtsgrundlage.

Frage 2:
Wer hat dieses Recht (Dienstherrnfähigkeit) in Sachsen?

Frage 3:
Wer ist unmittelbarer Dienstvorgesetzter für einen Staatsbeamten beim Landeskriminalamt Sachsen?

Frage 4:
Wer ist Dienstvorgesetzter für einen Beamten der Stadt Leipzig? Nennen Sie auch die exakte Rechtsgrundlage.

Frage 5:
Wann endet das Beamtenverhältnis auf Widerruf, der sog. Vorbereitungsdienst? Nennen Sie auch die exakten Rechtsgrundlagen.

Frage 6:
Unter welchen Voraussetzungen kann die Probezeit verkürzt werden? Nennen Sie auch die exakte Rechtsgrundlage.

7. Lösungen zu den Kontrollfragen

Lösung zu 1:
Es ist das Recht, Beamte zu haben. Rechtsgrundlage: § 2 BeamtStG

Lösung zu 2:
§ 1 SächsBG: Der Freistaat Sachsen, die Gemeinden, Landkreise und sonstigen der Aufsicht des Freistaates Sachsen unterstehenden Körperschaften, Anstalten und Stiftungen des öffentlichen Rechts.

Lösung zu 3:
Der unmittelbare Dienstvorgesetzte ist die jeweilige Behördenleitung – hier der Leiter bzw. die Leiterin des LKA.

Lösung zu 4:
Der erste Bürgermeister. Rechtsgrundlage: § 53 Abs. 4 SächsGemO.

Lösung zu 5:
Mit Ablauf des Tages der Ablegung oder endgültigen Nichtbestehen der für die Laufbahn vorgeschriebenen Prüfung, § 22 Abs. 4 BeamtStG.
Ergänzend: In § 40 Abs. 1 Nr. 2 SächsBG ist z. B. zusätzlich geregelt, dass das Beamtenverhältnis endet, wenn die vorgeschriebene Zwischenprüfung endgültig nicht bestanden wurde.

Lösung zu 6:
Rechtsgrundlage ist § 26 Abs. 3 SächsBG i. V. m. § 18 Abs. 1 und 2 SächsLVO

1. Möglichkeit	Anrechnung von Zeiten hauptberuflicher Tätigkeit im öffentlichen Dienst, die nach Art und Bedeutung der Tätigkeit in der Laufbahn gleichwertig und nicht Bildungs- oder Zugangsvoraussetzung sind (§ 26 Abs. 3 Nr. 1 SächsBG i. V. m. § 18 Abs. 1 SächsLVO)
2. Möglichkeit	Erbringung von überdurchschnittlichen Leistungen in der Laufbahnausbildung oder in der Probezeit (§ 26 Abs. 3 Nr. 2 SächsBG i. V. m. § 18 Abs. 3 Nr. 1 bis 3 SächsLVO)

Kapitel 2 – Ernennungsrecht (einschl. Fallbearbeitung)

Zentraler Bestandteil der Fallbearbeitung ist die Prüfung von beamtenrechtlichen Maßnahmen auf deren Rechtmäßigkeit. Zum einen geht es um Maßnahmen, die Verwaltungsakte sind:

- **Ernennungen** sowie
- **sonstige beamtenrechtliche Verwaltungsakte** (z. B. Versetzung, Abordnung, Entlassung, Versetzung in den Ruhestand)

Darüber hinaus könnten auch innerdienstliche Maßnahmen ohne Außenwirkung Gegenstand von Prüfungen sein, z. B. die **Umsetzung (= die Umsetzung ist kein VA)**. Einzelheiten zum Ernennungsrecht sind nicht nur im Gesetz, sondern auch in der Verwaltungsvorschrift des Sächsischen Staatsministeriums des Innern zur Begründung und Beendigung eines Beamtenverhältnisses (VwV Beamtenverhältnis) zu finden.[28]

1. Grundsätze der Ernennung

1.1 Begriff, Form und Wirksamkeit (der Ernennung)

Der Begriff der Ernennung ist ein Oberbegriff, der mehrere Verwaltungsakte umfasst. Durch die Ernennung wird der allgemeine Status des Beamten festgelegt. Gleichzeitig wird der besondere Status des Beamten (das *statusrechtliche Amt*) im Wesentlichen durch eine Ernennung begründet und verändert.

Auch wird die Rechtsbeziehung zwischen dem Beamten und dem Dienstherrn maßgeblich durch die Ernennung gestaltet. Die Ernennung ist die grundlegende und entscheidende Maßnahme für die Art und den Inhalt des Rechtsverhältnisses des einzelnen Beamten zu seinem Dienstherrn.

28 Erlassen aufgrund § 165 Abs. 1 SächsBG. SächsABl. 2019 Nr. 48, S. 1663, Fsn-Nr.: 240-V19.4

Überblick über die (aus Sicht des sächsischen Beamtenrechts) wichtigsten Ernennungsarten (§ 8 Abs. 1 BeamtStG)

Begründung eines Beamtenverhältnisses (Nr. 1)	**Umwandlung** eines Beamtenverhältnisses (Nr. 2)	Verleihung eines **anderen Amtes mit anderem Grundgehalt** (Nr. 3)	Aufstieg (Nr. 4)
§ 8 Abs. 1 Nr. 1 BeamtStG i. V. m. § 25 SächsBG ***Ernennung unter Begründung eines Beamtenverhältnisses (Einstellung)*** – *grds. Eingangsamt der jeweiligen Einstiegsebene.* ***Beispiele: Ernennung zum Anwärter, von BaW zum BaP***	§ 8 Abs. 1 Nr. 2 BeamtStG Hauptanwendungsfall: *Ernennung vom Probebeamten zum Lebenszeitbeamten* ***NICHT von Widerruf auf Probe***	§ 8 Abs. 1 Nr. 3 BeamtStG i. V. m. § 27 SächsBG ***Beförderung ist eine Ernennung, durch die dem Beamten ein anderes Amt mit höherem Grundgehalt übertragen wird.***	i. V. m. **Landesrecht** (§ 28 SächsBG; § 24 SächsLVO) § 10 Abs. 1 SächsBG: Verleihung eines anderen Amtes mit gleichem Endgrundgehalt und anderer Amtsbezeichnung beim Wechsel der Laufbahngruppe.

Der Verwaltungsakt der Ernennung ist

- **formbedürftig** (s. § 8 Abs. 2 BeamtStG) → Formstrenge!
- **rechtsgestaltend** (= unmittelbare Veränderung der Rechtslage)
- und **mitwirkungsbedürftig** (= Zustimmung des zu Ernennenden muss vorliegen)

Nachfolgend wird auf folgende Aspekte eingegangen:

Urkunde	**Bestimmter Inhalt** (der Urkunde)	**Wirksamwerden** (der Ernennung)

Urkunde (bzw. Urkundenprinzip):

Gemäß § 8 Abs. 2 Satz 1 BeamtStG erfolgt eine Ernennung durch die Aushändigung einer Ernennungsurkunde. Die Urkunde bedarf der Schriftform. Das Original (keine Kopie) muss ausgehändigt werden. Eine eigenhändige Unterschrift des zuständigen Behördenvertreters ist erforderlich.

Bestimmter Inhalt (der Urkunde):

Die Urkunde muss bei den jeweiligen Ernennungsanlässen einen bestimmten, gesetzlichen Wortlaut enthalten.[29] Dieser Wortlaut ist in § 8 Abs. 2 Satz 2 BeamtStG enthalten.

Bei Begründung (Einstellung)	**Bei Umwandlung**	**Bei Amtsverleihung**
§ 8 Abs. 2 Satz 2 Nr. 1 BeamtStG	**§ 8 Abs. 2 Satz 2 Nr. 2 BeamtStG**	**§ 8 Abs. 2 Satz 2 Nr. 3 BeamtStG**
Beispiel Staatsbeamte: *„Im Namen des Freistaates Sachsen ernenne ich Herrn / Frau (Vorname Familienname) unter Berufung in das Beamtenverhältnis … zum / zur …“;*	**Beispiel Staatsbeamte:** Probe → Lebenszeit *„Im Namen des Freistaates Sachsen verleihe ich Herrn / Frau (Dienst- / Amtsbezeichnung) (Vorname Familienname) die Eigenschaft eines Beamten auf Lebenszeit… “;*	**Beispiel Staatsbeamte:** Beförderung *„Im Namen des Freistaates Sachsen ernenne ich Herrn / Frau (bisherige Dienst- / Amtsbezeichnung) (Vorname Familienname) zum / zur Regierungsoberinspektor...“*

Wirksamwerden (der Ernennung):

Die Behörde muss zunächst einen Aushändigungswillen haben; der zu Ernennende muss einen Besitzbegründungswillen haben und die tatsächliche Gewalt erlangen.

Eine (auch für die Fallbearbeitung) wichtige Frage ist:

Wann wird die Ernennung in zeitlicher Hinsicht wirksam?

> **§ 10 Abs. 4 SächsBG**
> [...]
> Die Ernennung wird mit dem Tage der Aushändigung der Ernennungsurkunde wirksam, wenn nicht in der Urkunde ausdrücklich ein späterer Tag bestimmt ist.
> [...]

Sofern die Urkunde also am Tag **X** ausgehändigt und in der Urkunde nicht ausdrücklich ein späterer Tag bestimmt wird, stimmt die äußere Wirksamkeit (= Aushändigung) mit der inneren Wirksamkeit überein, d. h., die Ernennung wird am o. g. Tag **X** wirksam.

Es ist jedoch auch möglich, dass die Urkunde z. B. am 20. des Monats ausgehändigt wird und in der Urkunde steht, dass die Ernennung erst zum 1. (des nächsten Monats)

29 Siehe auch Anlage 5 der VwV Beamtenverhältnis

erfolgen soll. Hier gibt es keine Deckungsgleichheit zwischen äußerer und innerer Wirksamkeit. Hier ist der 1. des nächsten Monats das richtige Ernennungsdatum.

MERKE
Nach § 8 Abs. 4 BeamtStG ist eine Ernennung auf einen in der Vergangenheit liegenden Zeitpunkt unzulässig und insoweit unwirksam (Rückwirkungsverbot).

Übersicht zur Wirksamkeit

Ernennungsfälle	Ernennung wirksam ab
In der Urkunde ist kein Zeitpunkt angegeben. Die Aushändigung erfolgt am 18.8.2023.	18.8.2023
In der Urkunde ist angegeben *mit Wirkung vom 1.9.2023.* Die Aushändigung erfolgt am 18.8.2023.	1.9.2023
In der Urkunde ist angegeben *mit Wirkung vom 1.9.2023*; Die Aushändigung erfolgt am 10.9.2023.	10.9.2023

Wird die Ernennungsurkunde nicht durch den Behördenleiter, sondern durch einen zur Vertretung befugten Beschäftigten unterzeichnet, so sind beim Namen des Unterzeichnenden ein das Vertretungsverhältnis kennzeichnender Zusatz („in Vertretung [i. V.]") und seine Amtsbezeichnung einzufügen. Die Ernennungsurkunde ist eigenhändig zu unterzeichnen.[30]

Die Ernennungsurkunde ist **grundsätzlich persönlich** durch den Behördenleiter oder eine von ihm beauftragte Person, gegebenenfalls durch einen Beauftragten einer anderen Behörde im Wege der Amtshilfe, auszuhändigen. Zum Nachweis der Aushändigung der Urkunde ist der Zeitpunkt der Aushändigung durch eine vom Beamten zu unterzeichnende Empfangsbestätigung aktenkundig festzuhalten. Ist die persönliche Aushändigung der Urkunde nicht möglich, kann die Ernennungsurkunde ausnahmsweise dem zu Ernennenden durch die Post mittels eigenhändig zuzustellenden eingeschriebenen Briefs mit Rückschein zugestellt werden, wenn zweifelsfrei feststeht, dass der zu Ernennende seiner Ernennung zustimmt. Die Aushändigung der Ernennungsurkunde an eine bevollmächtigte Person des zu Ernennenden ist nicht zulässig.[31]

Ein Anspruch auf eine Ernennung existiert nicht, die Entscheidung darüber steht im Ermessen des Dienstherrn (Personalhoheit / Ämterhoheit). Das Grundgesetz gewährt

30 VwV Beamtenverhältnis, III. 4.
31 VwV Beamtenverhältnis, III. 5.

nur das Recht, sich zu bewerben (Art. 33 Abs. 2 GG). Der Bewerber hat jedoch ein Recht auf sachgerechte Beurteilung der Bewerbung.

1.2 Fehlerhafte Ernennungen und Heilungsmöglichkeiten

Eine beamtenrechtliche Ernennung kann nur aus den in §§ 11, 12 BeamtStG abschließend aufgezählten Gründen nichtig bzw. rechtswidrig sein. §§ 11, 12 BeamtStG sind den allgemeinen Regeln des Verwaltungsverfahrensrechtes (§§ 43 ff. VwVfG) vorrangig. Die Ernennung kann wie jeder andere Verwaltungsakt auch an Fehlern leiden. Weil die Ernennung aber an besonders strenge formelle und inhaltliche Voraussetzungen geknüpft ist und sich ihre Wirkungen zudem über mehrere Jahrzehnte erstrecken können, bedarf es einer gesonderten Fehlerfolgenregelung. Insgesamt lassen sich drei Fallgruppen von Ernennungsmängeln benennen, wobei die sog. *Nichternennung* gesetzlich nicht geregelt ist.

Fallgruppen Ernennungsmängel

Ernennungsmängel (Fallgruppen)		
Nichternennung	**Nichtigkeit**	**Rücknahme**
Dem Ernennungsakt fehlt eine **wesentliche** Tatbestandsvoraussetzung.	Nichtigkeitsgründe (§ 11 Abs. 1 BeamtStG) Heilungsvorschriften (§ 11 Abs. 2 BeamtStG)	Obligatorische Rücknahme (§ 12 Abs. 1 BeamtStG) Fakultative Rücknahme (§ 12 Abs. 2 BeamtStG)

1.2.1 Nichternennung

Bei der sog. **Nichternennung** (auch *Nichtakt* genannt) fehlt dem Ernennungsakt eine wesentliche Tatbestandsvoraussetzung. Eine Heilung ist nicht möglich.

Z. B. könnte der ernennenden Stelle die Dienstherrnfähigkeit fehlen. Dies wäre dann der Fall, wenn ein privates Unternehmen eine Ernennung aussprechen würde. Andere Beispiele wären die fehlende Aushändigung der Urkunde oder die Ernennung in Bezug auf ein nicht existierendes Amt.

1.2.2 Nichtigkeit

Unter Nichtigkeit einer Ernennung ist zu verstehen, dass keine Ernennung erfolgt ist. In der Konsequenz ist der Ernannte kein Beamter.

Allerdings sind in § 11 Abs. 2 BeamtStG Heilungsmöglichkeiten aufgezählt, also Voraussetzungen, unter denen die nichtige Ernennung doch von Anfang an als wirksam anzusehen ist.

Übersicht Nichtigkeitsgründe und Möglichkeiten der Heilung	
NICHTIGKEITSGRÜNDE	**HEILUNGSMÖGLICHKEITEN**
§ 11 Abs. 1 Nr. 1 BeamtStG Die Ernennungsurkunde entspricht nicht der vorgeschriebenen Form gem. § 8 Abs. 2 BeamtStG (Verstoß gegen das Förmlichkeitsprinzip) **Beispiele:** fehlerhafte Amtsbezeichnung, bestimmte Wörter fehlen – z. B. *unter Berufung in das Beamtenverhältnis auf Widerruf …*	**§ 11 Abs. 2 Nr. 1 BeamtStG** **Voraussetzungen für die Heilung:** • Urkunde und Akteninhalt eindeutig **sowie** • nachträgliche schriftliche Bestätigung der zuständigen Stelle
§ 11 Abs. 1 Nr. 2 BeamtStG Die Ernennung wurde von einer sachlich unzuständigen Behörde ausgesprochen. **Beispiele:** Der Bürgermeister ernennt eigenmächtig ohne Einvernehmen mit dem Gemeinderat.[32]	**§ 11 Abs. 2 Nr. 2 BeamtStG** **Voraussetzungen für die Heilung:** • Nachholung des entsprechenden Beschlusses bzw. der Entscheidung der sachlich zust. Behörde Bei Kommunalbeamten – siehe Beispiel links: Nachholung des entsprechenden Verfahrens gemäß § 28 Abs. 4 SächsGemO (Gemeinderat im Einvernehmen mit dem Bürgermeister).
§ 11 Abs. 1 Nr. 3a BeamtStG Ernennung trotz fehlender Staatsangehörigkeit (§ 7 Abs. 1 1 Nr. 1 BeamtStG) und keine Ausnahme nach § 7 Abs. 3 BeamtStG zugelassen. **Beispiele:** Ernennung eines chinesischen Staatsangehörigen ohne erforderliche Ausnahmezulassung.	**§ 11 Abs. 2 Nr. 3a BeamtStG** **Voraussetzungen für die Heilung:** • Ausnahme wird nachträglich durch die Ernennungsbehörde zugelassen
§ 11 Abs. 1 Nr. 3b BeamtStG Der Beamte hat (zum Zeitpunkt der Ernennung) nicht die Fähigkeit zur Bekleidung öffentlicher Ämter.[33]	**Hier besteht KEINE Heilungsmöglichkeit.**
§ 11 Abs. 1 Nr. 3c BeamtStG Die zu Grunde liegende Wahl ist unwirksam (relevant für kommunale Wahlbeamte).	**Hier besteht KEINE Heilungsmöglichkeit.**

32 Auf Ebene der Gemeinde ergibt sich die Ernennungszuständigkeit aus § 10 Abs. 3 SächsBG i. V. m. § 28 Abs. 4 SächsGemO.

33 Gemäß § 45 Abs. 1 StGB verliert man für die Dauer von fünf Jahren die Fähigkeit, öffentliche Ämter zu bekleiden und Rechte aus öffentlichen Wahlen zu erlangen, wenn man wegen eines Verbrechens zu einer Freiheitsstrafe von mind. einem Jahr verurteilt wird. Mit dieser Regelung soll verhindert werden, dass Personen, die zu hohen Freiheitsstrafen verurteilt wurden

1.2.3 Rücknahme

In § 12 BeamtStG sind abschließend die Gründe aufgezählt, aufgrund derer eine Ernennung zurückzunehmen ist (§ 12 Abs. 1) oder zurückgenommen werden soll (§ 12 Abs. 2).

§ 12 Abs. 1 BeamtStG (IST-Rücknahme)
Hier hat die Behörde kein Ermessen.
Dies wird durch die Formulierung „**ist** zurückzunehmen" deutlich.

Nr. 1:
Die Ernennung wurde durch **Zwang, arglistige Täuschung oder durch Bestechung** herbeigeführt.
Beispiel: Ein Bewerber für das Studium der 3. QE verschweigt bewusst ein laufendes polizeiliches bzw. staatsanwaltschaftliches Ermittlungsverfahren gegen ihn.

Nr. 2:
Fehlende Amtswürdigkeit – Amtsunwürdigkeit liegt vor, wenn nicht bekannt war, dass der Ernannte ein Verbrechen oder Vergehen begangen hat, das ihn der Berufung in das Beamtenverhältnis unwürdig erscheinen lässt und er deswegen rechtskräftig zu einer Strafe verurteilt worden ist oder wird.
Amtsunwürdigkeit ist von Amtsunfähigkeit abzugrenzen (s. § 11 Abs. 1 Nr. 3b BeamtStG, Nichtigkeit der Ernennung). Amtsunwürdigkeit wird regelmäßig bei Diebstahls- und Gewaltdelikten angenommen[34]. Eine pauschale Bewertung ist nicht möglich.
Diese Verbrechen / Vergehen müssen vor der Ernennung begangen werden. Hinsichtlich der Bestrafung ist dies vor oder nach der Ernennung möglich. Entscheidend ist, dass die Tat vor der Ernennung liegt (auch ausländische Gerichte; auch Bewährungsstrafen).

Nr. 3:
Nach § 7 Abs. 2 BeamtStG dürfen für bestimmte Aufgaben nur Deutsche i. S. d. Art. 116 GG in ein Beamtenverhältnis berufen werden. Davon können gemäß § 7 Abs. 3 BeamtStG Ausnahmen zugelassen werden, wenn ein dringendes dienstliches Bedürfnis besteht.
Ein denkbares Beispiel wäre:
Ein türkischer Staatsangehöriger wird in ein Beamtenverhältnis übernommen, obwohl die Ausnahmegenehmigung nicht erteilt wurde und auch nachträglich nicht erteilt wird.

---

und deshalb aus dem Dienst treten müssen, unter Verschweigen dieser Situation möglicherweise bei einem anderen Dienstherrn eingestellt werden. Wird dies nachträglich bekannt, tritt die Nichtigkeit der Ernennung ein.

34 *Baldarelli / Wölke*, Musterklausuren Öffentliches Dienstrecht, 2. Aufl., S. 44

Nr. 4:
Die Mitwirkung einer unabhängigen Stelle ist nicht erfolgt und wird auch nicht nachgeholt. Ein Beispiel für die unabhängige Stelle ist der LPA – der (sächsische) Landespersonalausschuss. Beispiele für derartige Mitwirkungen: § 25 Abs. 3 SächsBG; § 27 Abs. 6 SächsBG.

§ 12 Abs. 2 BeamtStG (SOLL-Rücknahme)
Hier hat die Behörde Ermessen (in Ausnahmefällen).
Dem ernennenden Dienstherrn war nicht bekannt, dass gegen den durch ihn Ernannten in der Vergangenheit in einem Disziplinarverfahren die Entfernung aus dem Beamtenverhältnis per Gerichtsurteil ausgesprochen wurde.
Es handelt sich um die *schärfste* Disziplinarmaßnahme, die nur durch ein Gericht verhängt werden kann (s. auch § 5 Abs. 1 Nr. 5 und § 10 SächsDG). Dies betrifft diejenigen Fallkonstellationen, in denen der Beamte wegen eines Verbrechens oder Vergehens aus dem Dienst entfernt worden ist und erneut ernannt wird. Hier kann Amtsunwürdigkeit unterstellt werden.

2. Fallbearbeitung

Zunächst stelle ich Ihnen – als Hilfestellung – das Schema zur Prüfung von Ernennungsfällen vor. Das Schema versucht, sämtliche Ernennungstatbestände abzudecken und ist deshalb recht umfassend. Zu beachten ist auch, dass in einer Klausur nicht immer alle, sondern nur einzelne Prüfungspunkte abgefragt werden können.

2.1 Prüfungsschema Ernennung

1. ERNENNUNGSART
Hier geht es um die korrekte und einschlägige Benennung des in Betracht kommenden Ernennungsfalles gem. § 8 i. V. m. § 4 BeamtStG.

2. FÖRMLICHE VORAUSSETZUNGEN
Hier geht es um die Aushändigung und die Urkunde selbst.

3. PERSÖNLICHE VORAUSSETZUNGEN
Hier geht es um die Voraussetzungen, die in der Person des Beamten selbst liegen.

4. SACHLICHE VORAUSSETZUNGEN
Hier geht es primär um die Zuständigkeit für die Ernennung und die Personalratsbeteiligung.

2.2 Ausgangsfall (Einstellung)

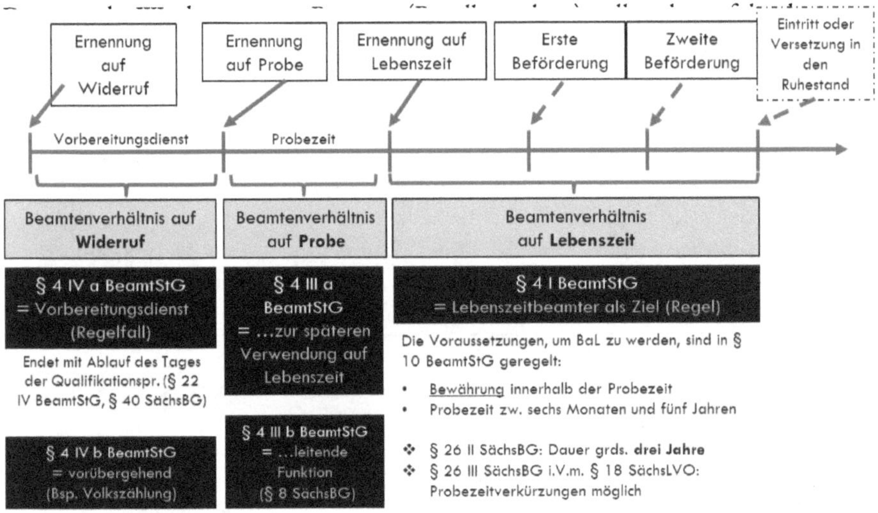

Vorbemerkungen:
Der nachfolgende Fall ist der Ausgangpunkt und im Rahmen der Sachverhaltsfortsetzungen werden die verschiedenen Ernennungsfälle mit ihren jeweiligen Besonderheiten dargestellt. Nachfolgend eine Skizze zu den verschiedenen Ernennungen der deutschen Staatsangehörigen T:

1.9.2022	1.9.2025	3.9.2027	1.10.2028
Ernennung zur Beamtin auf Widerruf (Einstellung)	Ernennung zur Beamtin auf Probe / bei gleichzeitiger Übertragung eines Amtes (Einstellung)	Ernennung zur Beamtin auf Lebenszeit (Umwandlung)	Erste Beförderung

Ausgangsfall:
Am **01.9.2022** (Donnerstag) beginnt die deutsche Staatsangehörige T (22 Jahre alt) das Studium zur Diplom-Finanzwirtin (FH). Im Rahmen dessen wird Sie in das Beamtenver-

hältnis auf Widerruf ernannt. Im Nachgang dieser Ernennung wundert sich T, dass in ihrer Urkunde die Wörter *auf Widerruf* fehlen. Sie wendet sich an den für Sie zuständigen Personalsachbearbeiter.

Aufgabe:

Prüfen Sie die Rechtmäßigkeit der Ernennung und gehen Sie auf die aufgeworfenen Probleme ein. Gehen Sie, falls rechtlich möglich, auch auf eventuelle Heilungsmöglichkeiten ein. Alle anderen Aspekte der Ernennung sind nicht zu problematisieren.

Hintergrundwissen:

Exkurs zum öffentlich-rechtlichen Ausbildungsverhältnis.[35]

Der Vorbereitungsdienst **soll** gemäß § 18 Abs. 1 SächsBG im Beamtenverhältnis auf Widerruf nach § 4 Abs. 4a des BeamtStG abgeleistet werden. Soweit der Vorbereitungsdienst auch Voraussetzung für die Ausübung eines Berufes außerhalb des öffentlichen Dienstes ist, **kann** er auch in einem öffentlich-rechtlichen Ausbildungsverhältnis außerhalb des Beamtenverhältnisses abgeleistet werden.

⇨ **Vorbereitungsdienst** (Beamtenverhältnis auf Widerruf) = SOLL-Vorschrift
⇨ **Öffentlich-rechtliches Ausbildungsverhältnis** = KANN-Vorschrift

Die Ausgestaltung des öffentlich-rechtlichen Ausbildungsverhältnisses regelt das Staatsministerium des Innern im Einvernehmen mit dem Staatsministerium der Finanzen durch Rechtsverordnung, § 18 Abs. 2 Satz 1 und 2 SächsBG.

BEISPIEL: Der Bachelorstudiengang Allgemeine Verwaltung an der Hochschule Meißen (FH) und Fortbildungszentrum endet mit der Erlangung des akademischen Grades Bachelor of Laws (LL. B.). Gleichzeitig erwerben die Absolventen die Befähigung für die Laufbahngruppe 2, 1. Einstiegsebene des allgemeinen Verwaltungsdienstes. Der Abschluss ist bundesweit anerkannt und ermöglicht sowohl einen Einsatz im Beamtenverhältnis als auch im Beschäftigungsverhältnis.[36]

Gemäß der o. g. Verordnungsermächtigung wurde vom Sächsischen Staatsministerium des Innern im Einvernehmen mit dem Staatsministerium der Finanzen folgende

35 Weiterführende Informationen finden sich in der Verordnung des Sächsischen Staatsministeriums des Innern zur Ausgestaltung des öffentlich-rechtlichen Ausbildungsverhältnisses (SächsÖrAusbVVO) sowie im Gemeinsamen Leitfaden des Sächsischen Städte- und Gemeindetages und des Sächsischen Staatsministeriums des Innern zur Begründung und Beendigung eines öffentlich-rechtlichen Ausbildungsverhältnisses, abrufbar unter: https://www.hsf.sachsen.de/studium/bachelorstudiengaenge/bachelorstudiengang-allgemeine-verwaltung/ (zuletzt abgerufen am 5.7.2022).

36 Siehe auch: https://www.hsf.sachsen.de/studium/bachelorstudiengaenge/bachelorstudiengang-allgemeine-verwaltung/ (zuletzt abgerufen am 5.7.2022)

Rechtsverordnung erlassen: *Verordnung des Sächsischen Staatsministeriums des Innern zur Ausgestaltung des öffentlich-rechtlichen Ausbildungsverhältnisses (SächsÖrAusbVVO).* Nach § 2 Satz 1 SächsÖrAusbVVO wird das **öffentlich-rechtliche Ausbildungsverhältnis** mit der Aushändigung einer **Bestellungsurkunde** begründet. Eine Konkretisierung enthält der

> *Gemeinsame Leitfaden des Sächsischen Städte- und Gemeindetages und des Sächsischen Staatsministeriums des Innern zur Begründung und Beendigung eines öffentlich-rechtlichen Ausbildungsverhältnisses vom 15.11.2019*[37]

In der Vorbemerkung (des Leitfadens) heißt es:

> *„In diesem für die Praxis bei den kommunalen Ausbildungsträgern erstellten Leitfaden werden Voraussetzungen, zu beachtende Vorschriften und Erläuterungen für die Begründung und Beendigung eines öffentlich-rechtlichen Ausbildungsverhältnisses dargestellt.*
> *Nach § 22a Nummer 7 des Sächsischen Finanzausgleichsgesetzes ist für kreisangehörige Gemeinden ab dem Studienbeginn 2019 / 2020 eine Förderung für die Einstellung von Anwärtern für die Laufbahn der ersten Einstiegsebene der Laufbahngruppe 2 in den Bachelorstudiengängen Allgemeine Verwaltung oder Sozialverwaltung vorgesehen. Die Anwärter müssen allerdings als Studenten an der Hochschule Meißen (FH) und Fortbildungszentrum im öffentlich-rechtlichen Ausbildungsverhältnis ausgebildet werden. Mit der vorgenannten Förderung soll auch eine Vereinheitlichung der Bezahlung der Studenten bei den kommunalen Ausbildungsträgern erreicht werden. Den kommunalen Ausbildungsträgern wird mit diesem Leitfaden eine Arbeitshilfe zur Verfügung gestellt, um die vorgenannten Ausbildungsverhältnisse rechtswirksam begründen zu können und damit eine der Voraussetzungen für die Förderung nach dem Sächsischen Finanzausgleichsgesetz zu erfüllen. […]“*

Auch in der staatlichen Verwaltung, z. B. Landesdirektion Sachsen, kann die Ausbildung als öffentlich-rechtliches Ausbildungsverhältnis erfolgen. Die Studierenden werden als sog. Anwärter / innen **weitgehend den Beamten auf Widerruf gleichgestellt.**[38] Zur Begründung des Ausbildungsverhältnisses erhalten die Studierenden zum Studienbeginn eine Urkunde, mit der sie unter Berufung in das öffentlich-rechtliche Ausbildungsverhältnis zum / zur Regierungsinspektoranwärter / in bestellt werden (Bestellungsurkunde).

---

37 Abrufbar unter: https://www.hsf.sachsen.de/studium/bachelorstudiengaenge/bachelorstudiengang-allgemeine-verwaltung/ (zuletzt abgerufen am 5.7.2022)

38 Entnommen aus: https://www.lds.sachsen.de/ausbildung/?ID=15176&art_param=802

Ein Beispiel für die soeben genannte Bestellungsurkunde:

URKUNDE [39]

Mit Wirkung vom 01.09.2022
bestelle ich

Herrn Patrick Lerm
geboren am **18.02.2000**

unter Berufung
in ein öffentlich-rechtliches Ausbildungsverhältnis

zum Gemeindeinspektoranwärter.

Lengenfeld, 01.09.2022

Dienstsiegel

____
Vorname und Name des Bürgermeisters
Name des Ausbildungsträgers

Lösung

1. Ernennungsart:
Hier handelte es sich um die Begründung eines Beamtenverhältnisses auf Widerruf (=Einstellung). Rechtsgrundlagen sind § 8 Abs. 1 Nr. 1, § 4 Abs. 4a BeamtStG sowie § 25 SächsBG. Der Freistaat Sachsen ist der Dienstherr, § 2 Nr. 1 BeamtStG. Sie führt die Dienstbezeichnung Steuerinspektor-Anwärterin (§ 8 SächsLVO).

2. Förmliche Voraussetzungen:
Die Urkunde wurde rechtzeitig ausgehändigt, § 8 Abs. 2 Satz 1 BeamtStG, § 10 Abs. 4 SächsBG.

39 Muster entnommen aus Anlage 5 des Gemeinsame Leitfaden des Sächsischen Städte- und Gemeindetages und des Sächsischen Staatsministeriums des Innern zur Begründung und Beendigung eines öffentlich-rechtlichen Ausbildungsverhältnisses vom 15. November 2019

Problematisch ist, dass die Worte *auf Widerruf* fehlen, § 8 Abs. 2 Sat 2 Nr. 1 BeamtStG. Rechtsfolge ist die **Nichtigkeit** (d. h. die Unwirksamkeit) der Ernennung gem. § 11 Abs. 1 Nr. 1 BeamtStG, da ein Verstoß gegen das Förmlichkeitsprinzip vorliegt. Eine **Heilung** ist jedoch möglich, wenn sich gem. § 11 Abs. 2 Nr. 1 BeamtStG aus der Urkunde oder dem Akteninhalt eindeutig ergibt, dass die Begründung eines Beamtenverhältnisses auf Widerruf beabsichtigt war. In diesem Fall muss die zuständige Stelle (hier die Ernennungsbehörde) die Wirksamkeit schriftlich bestätigen. Nach § 10 Abs. 3 SächsBG werden die Staatsbeamten vom Ministerpräsidenten ernannt, soweit gesetzlich nichts anderes bestimmt ist. Er kann diese Befugnis durch Rechtsverordnung auf andere Behörden übertragen. Nach § 1 der ErnVO werden die Beamten der Laufbahngruppen 1 und 2 bis A15 durch den jeweiligen Staatsminister ernannt. Nach § 3 der ErnVO werden die Beamten der Laufbahngruppe 1 und 2 bis einschl. A 13 durch die Behördenleiter der allgemeinen Staatsbehörde[40] und oberen besonderen Staatsbehörde[41] ernannt. In diesem Fall wäre dies das Landesamt für Steuern und Finanzen. Sofern diese Heilung erfolgt, ist die Ernennung von Anfang an als wirksam anzusehen, § 11 Abs. 2 1. Halbsatz BeamtStG.

3. Persönliche Voraussetzungen:
Die persönlichen Voraussetzungen sind geregelt in § 7 BeamtStG sowie (ergänzend) in den §§ 4 und 7 SächsBG.

§ 7 SächsBG	§ 7 BeamtStG	§ 4 SächsBG
Altersgrenze	• Staatsangehörigkeit → § 7 Abs. 1 Nr. 1 • FDGO → § 7 Abs. 1 Nr. 2 • Befähigung → § 7 Abs. 1 Nr. 3 → nach Landesrecht, hier i. V. m. §§ 3, 16 i. V. m. SächsLVO • Keine unveränderlichen Merkmale des Erscheinungsbildes → § 7 Abs. 1 Satz 2	Politische Zuverlässigkeit in Zusammenhang mit der DDR

40 Eine allgemeine Staatsbehörde gibt es im Bereich des Staatsministeriums der Finanzen nicht, entnommen aus: https://www.moderneverwaltung.sachsen.de/organisation-der-saechsischen-staatsverwaltung-3990.html#:~:text=Die%20Staatsverwaltung%20gliedert%20sich%20in,den%20Ministerpr%C3%A4sidenten%20und%20die%20Staatsministerien (zuletzt abgerufen am 7.7.2022).

41 Im Bereich des Staatsministeriums der Finanzen existieren aktuell (Stand: 7.7.2022) drei obere besondere Staatsbehörden, das Landesamt für Steuern und Finanzen, der Staatsbetrieb Sächsische Informatikdienste – Landesrechenzentrum Steuern sowie der Staatsbetrieb Sächsisches Immobilien- und Baumanagement.

Die grundsätzliche Altersgrenze für die Berufung gem. § 7 Abs. 1 Satz 1 SächsBG (Grundsatz 42 Jahre[42], [...] *darf nicht berufen werden, wer das 42. Lebensjahr vollendet hat.* [...]) wurde eingehalten.[43] Die T ist im Zeitpunkt der Berufung 22 Jahre alt. Gemäß § 7 Abs. 1 BeamtStG muss der zu Ernennende

- die entsprechende Staatsangehörigkeit[44] besitzen,
- die Gewähr bieten, jederzeit für die freiheitliche demokratische Grundordnung[45] (FDGO) i. S. d. Grundgesetzes einzutreten und
- die nach Landesrecht vorgeschriebene Befähigung haben.
- Ergänzend dürfen keine unveränderlichen Merkmale des Erscheinungsbildes[46] vorliegen.

Staatsangehörigkeit	Eintreten für die FDGO	Befähigung (Landesrecht)
Keine unveränderlichen Merkmale des Erscheinungsbildes, die mit der Erfüllung der Pflichten nach § 34 Abs. 2 BeamtStG nicht vereinbar sind.		

T hat die deutsche Staatsangehörigkeit[47], somit liegt die Voraussetzung nach § 7 Abs. 1 Nr. 1 BeamtStG vor. Mangels gegensätzlicher Informationen kann zudem davon aus-

---

42 Eine Ausnahme von diesem Grundsatz ist bspw. die Polizei. In der sächsischen Ausbildungs- und Prüfungsordnung für die Fachrichtung Polizei heißt es in § 3 Abs. 1: In einen Vorbereitungsdienst der Fachrichtung Polizei kann eingestellt werden, wer das 16., aber noch nicht das 35. Lebensjahr vollendet hat.

43 Abweichend von § 7 Abs. 1 Satz 1 SächsBG kann für einzelne Beamtengruppen durch Rechtsverordnung des Staatsministeriums des Innern im Einvernehmen mit dem Staatsministerium der Finanzen eine nach oben abweichende Altersgrenze, höchstens jedoch das vollendete 52. Lebensjahr, festgelegt werden. Als Beispiel lässt sich hier die sog. Altersgrenzen-Verordnung nennen. Nach § 1 (dieser Verordnung) gilt: In das Beamtenverhältnis als Staatsbeamter dürfen Hochschullehrer abweichend von § 7 Abs. 1 Satz 1 SächsBG nicht berufen werden, wenn sie bereits das 52. Lebensjahr vollendet haben.

44 Deutscher / Deutsche im Sinne des Art. 116 GG, EU-Bürger oder Staatsangehöriger eines (reinen) EWR-Staates, also Norwegen, Island und Liechtenstein sowie die Schweiz (Drittstaat im Sinne des § 7 Abs. 1 Nr. 1c BeamtStG)

45 Eine Legaldefinition findet sich in § 4 Abs. 2 BVerfSchG.

46 Denkbar sind hier insbesondere sog. Brandings im sichtbaren Bereich, z. B. im Gesicht oder auch Augentattoos.

47 VwV Beamtenverhältnis I. 2: Die deutsche Staatsangehörigkeit wird in der Regel durch die Vorlage eines Reisepasses oder eines Personalausweises der Bundesrepublik Deutschland nachgewiesen. Die Vorlage eines Staatsangehörigkeitsausweises oder eines Ausweises über die Rechtsstellung als Deutscher ohne deutsche Staatsangehörigkeit ist nur in Zweifelsfällen zu fordern. Für Bewerber, die eine fremde Staatsangehörigkeit nach § 7 Absatz 1 Nummer 1 des

gegangen werden, dass sie die Gewähr dafür bietet, jederzeit für die FDGO i. S. d. Grundgesetzes einzutreten.[48]
Die nach Landesrecht vorgeschriebene Befähigung, die sie benötigt, ist in § 3 i. V. m. den §§ 16 und 17 SächsBG geregelt. Nach § 3 SächsBG darf in das Beamtenverhältnis nur berufen werden, wer die nach § 16 für die jeweilige Laufbahn erforderliche Vorbildung besitzt oder nach § 21 als anderer Bewerber anerkannt ist. Die T ist Laufbahnbewerberin. Nach § 16 Abs. 2 Nr. 1a SächsBG ist als Bildungsvoraussetzung für die Laufbahngruppe 2, 1. Einstiegsebene mindestens eine Qualifikation nach § 17 des Sächsischen Hochschulfreiheitsgesetzes in der Fassung der Bekanntmachung vom 15. Januar 2013 (SächsGVBl. S. 3), das zuletzt durch Artikel 44 des Gesetzes vom 26. April 2018 (SächsGVBl. S. 198) geändert worden ist, in der jeweils geltenden Fassung. Demnach muss T mindestens im Besitz der allgemeinen Hochschulreife, der fachgebundenen Hochschulreife oder der Fachhochschulreife sein (siehe auch § 17 Hochschulfreiheitsgesetz).
Mangels entgegengesetzter Informationen im Sachverhalt ist davon auszugehen, dass T eine dieser Hochschulzugangsberechtigungen besitzt.
Weiterhin ist auch davon auszugehen, dass T keine unveränderlichen Merkmale des Erscheinungsbildes besitzt, die mit der Erfüllung der Pflichten nach § 34 Abs. 2 BeamtStG nicht vereinbar sind.[49]

4. Sachliche Voraussetzungen:
Mangels gegenteiliger Informationen ist davon auszugehen, dass die zuständige Ernennungsbehörde gehandelt hat.
Nach § 80 Abs. 1 Nr. 1 SächsPersVG hat die Personalvertretung bei Personalangelegenheiten wie der Einstellung (Nr. 1) eingeschränkt mitzubestimmen. Nach § 82 II

Beamtenstatusgesetzes vom 17. Juni 2008 (BGBl. I S. 1010), das zuletzt durch Artikel 1 des Gesetzes vom 29. November 2018 (BGBl. I S. 2232) geändert worden ist, besitzen, gelten die Sätze 1 und 2 entsprechend.

48 VwV Beamtenverhältnis I. 5 b): Alle für eine Einstellung vorgesehenen Bewerber sind über ihre Pflicht zur Verfassungstreue zu belehren und haben schriftlich zu erklären, dass sie die Grundsätze der freiheitlichen demokratischen Grundordnung im Sinne des Grundgesetzes bejahen und sich jederzeit durch ihr gesamtes Verhalten zu ihnen bekennen und für ihre Einhaltung eintreten werden. Als Muster ist der in Anlage 4 beigefügte Vordruck zu nutzen.

49 VwV Beamtenverhältnis I. 5. c): Für die Feststellung, ob unveränderliche Merkmale des Erscheinungsbilds gemäß § 7 Absatz 1 Satz 2 des Beamtenstatusgesetzes mit den Pflichten aus § 34 Absatz 2 des Beamtenstatusgesetzes vereinbar sind, ist nicht allein auf die konkret vorgesehene Funktion, sondern auf die insgesamt dieser Laufbahn zugeordneten Funktionen abzustellen. Die Feststellung ist vor jeder Berufung in das Beamtenverhältnis auf Widerruf, Probe oder Lebenszeit zu treffen.

SächsPersVG kann der Personalrat in den Fällen des § 80 Abs. 1 seine Zustimmung verweigern, wenn

1. die Maßnahme gegen ein Gesetz, eine Verordnung, eine Bestimmung in einem Tarifvertrag, eine gerichtliche Entscheidung, den Frauenförderplan oder eine Verwaltungsanordnung oder gegen eine Richtlinie im Sinne des § 80 Absatz 2 Nummer 6 verstößt oder

2. die durch Tatsachen begründete Besorgnis besteht, dass durch die Maßnahme der betroffene Beschäftigte oder andere Beschäftigte benachteiligt werden, ohne dass dies aus dienstlichen oder persönlichen Gründen gerechtfertigt ist, oder

3. die durch Tatsachen begründete Besorgnis besteht, dass der Beschäftigte oder Bewerber den Frieden in der Dienststelle durch unsoziales oder gesetzwidriges Verhalten stören werde.

Problematisch ist es, wenn der Personalrat überhaupt nicht beteiligt wird. Trotz fehlender Beteiligung ist die Ernennung jedoch wirksam, da die Gründe, aus denen eine Ernennung unwirksam ist, abschließend in den §§ 11 und 12 BeamtStG geregelt sind. **Der Fall fehlender Mitbestimmung des Personalrates ist dort nicht geregelt.**

Mangels gegenteiliger Informationen ist davon auszugehen, dass der Personalrat in Form der eingeschränkten Mitbestimmung beteiligt wurde.

Dieses Beamtenverhältnis auf Widerruf wird mit der Zustellung / Aushändigung des Prüfungszeugnisses (§ 22 Abs. 4 BeamtStG, § 40 Abs. 1 SächsBG – hier ist die Rede von **schriftlicher Bekanntgabe**) enden.

GESAMTERGEBNIS:

Sofern die Heilung im Rahmen der ***förmlichen Voraussetzungen*** erfolgt, ist die Ernennung als von Anfang an wirksam anzusehen, § 11 Abs. 2 1. Halbsatz BeamtStG.

2.3 Sachverhaltsfortsetzung (Ernennung auf Probe)

Sachverhaltsfortsetzung:

Zum **1.9.2025** wird T nach erfolgreichem Abschluss des Studiums zur Steuerinspektorin ernannt. Gleichzeitig wird sie in das Beamtenverhältnis auf Probe ernannt. Im Nachgang dieser Ernennung wird festgestellt, dass aufgrund eines Büroversehens der zuständige Personalrat nicht mitbestimmt hat.

Aufgabe:

Prüfen Sie Rechtmäßigkeit der Ernennung und gehen Sie auf die aufgeworfenen Probleme ein. Gehen Sie, falls rechtlich möglich, auch auf eventuelle Heilungsmöglichkeiten ein. Alle anderen Aspekte der Ernennung sind nicht zu problematisieren und als gegeben zu betrachten.

Lösung

1. Ernennungsart:
Hier handelte es sich um die Begründung eines Beamtenverhältnisses auf Probe (= Einstellung). Rechtsgrundlagen sind § 8 Abs. 1 Nr. 1, § 4 Abs. 3a BeamtStG sowie § 25 SächsBG.
Gleichzeitig wird T das Amt einer Steuerinspektorin übertragen, § 8 III BeamtStG. Es handelt sich beim *Steuerinspektor* um das Eingangsamt, § 25 Abs. 1 Satz 1 SächsBG, § 25 Abs. 1 Nr. 3 SächsBesG i. V. m. der Anlage 1 SächsBesG).

2. Förmliche Voraussetzungen:
Alle förmlichen Voraussetzungen liegen gem. Bearbeitungshinweis vor.

3. Persönliche Voraussetzungen:
T hat erfolgreich die Qualifikationsprüfung abgelegt und kann damit (bei Erfüllung der sonstigen beamtenrechtlichen Voraussetzungen) in das Beamtenverhältnis auf Probe berufen werden, § 17 Abs. 2 Nr. 1a SächsBG. Sie hat die entsprechende Laufbahnbefähigung erworben.

4. Sachliche Voraussetzungen:
Nach § 80 Abs. 1 Nr. 1 SächsPersVG hat die Personalvertretung eingeschränkt mitzubestimmen bei Personalangelegenheiten wie der Einstellung (Nr. 1). Nach § 82 Abs. 2 SächsPersVG kann der Personalrat in den Fällen des § 80 I seine Zustimmung verweigern, wenn

1. die Maßnahme gegen ein Gesetz, eine Verordnung, eine Bestimmung in einem Tarifvertrag, eine gerichtliche Entscheidung, den Frauenförderplan oder eine Verwaltungsanordnung oder gegen eine Richtlinie im Sinne des § 80 Absatz 2 Nummer 6 verstößt oder

2. die durch Tatsachen begründete Besorgnis besteht, dass durch die Maßnahme der betroffene Beschäftigte oder andere Beschäftigte benachteiligt werden, ohne dass dies aus dienstlichen oder persönlichen Gründen gerechtfertigt ist, oder

3. die durch Tatsachen begründete Besorgnis besteht, dass der Beschäftigte oder Bewerber den Frieden in der Dienststelle durch unsoziales oder gesetzwidriges Verhalten stören werde.

Problematisch ist es, wenn der Personalrat überhaupt nicht beteiligt wird. Trotz fehlender Beteiligung ist die Ernennung jedoch wirksam, da die Gründe, nach denen eine Ernennung unwirksam ist, abschließend in den §§ 11 und 12 BeamtStG geregelt sind. **Der Fall fehlender Mitbestimmung des Personalrates ist dort nicht geregelt.**

GESAMTERGEBNIS:
Die Ernennung ist insgesamt rechtmäßig.

2.4 Sachverhaltsfortsetzung (Ernennung auf Lebenszeit)

Sachverhaltsfortsetzung:

Am **3.9.2027** (Freitag) wird T die Ernennungsurkunde zur Beamtin auf Lebenszeit ausgehändigt. Laut der Personalakte ist jedoch, was später festgestellt wird, als Datum für diese Ernennung der 1.9.2027 eingetragen. Durch ein sehr gutes Ablegen der Qualifikationsprüfung (Gesamtnote gut) und entsprechend gute praktische Leistungen (laut Probezeitbeurteilung) von T wird die Probezeit verkürzt.

Aufgabe:

Prüfen Sie die Rechtmäßigkeit der Ernennung und gehen Sie auf die aufgeworfenen Probleme ein. Gehen Sie, falls rechtlich möglich, auch auf eventuelle Heilungsmöglichkeiten ein. Ist die Probezeitverkürzung rechtlich zulässig? Alle anderen Aspekte der Ernennung sind nicht zu problematisieren und als gegeben zu betrachten.

Lösung

1. Ernennungsart:

Hier handelte es sich um die Umwandlung eines Beamtenverhältnisses auf Probe in ein solches auf Lebenszeit. Rechtsgrundlagen sind § 8 Abs. 1 Nr. 1, § 4 Abs. 1 BeamtStG.

2. Förmliche Voraussetzungen:

Problem: Die (inhaltlich ordnungsgemäße) Urkunde wurde T erst am 3.9.2027 ausgehändigt. Die Ernennung ist folglich erst ab diesem Tag wirksam. Dies ergibt sich aus § 8 Abs. 2 Satz 1 BeamtStG. Die Ernennung auf einen zurückliegenden Zeitpunkt, hier: 1.9.2027, ist unzulässig und insoweit unwirksam, § 8 Abs. 4 BeamtStG, § 10 Abs. 4 SächsBG.

3. Persönliche Voraussetzungen:

Der Beamte muss sich in der Probezeit bewähren, § 10 BeamtStG. Gemäß § 26 Abs. 2 SächsBG beträgt die regelmäßige Probezeit drei Jahre.[50]

Bei T wurde die **Probezeit verkürzt**. Die Verkürzung ist rechtlich möglich nach § 26 Abs. 3 Nr. 2 SächsBG. Demnach kann die Staatsregierung durch Rechtsverordnung die Probezeit verkürzen – in Abhängigkeit von in der Laufbahnausbildung [...] erbrachten überdurchschnittlichen Leistungen. Die konkrete Ausgestaltung der Probezeitverkürzung ergibt sich hier aus § 18 Abs. 2 Nr. 1 SächsLVO. Demzufolge kann die Probezeit bis auf die Mindestprobezeit verkürzt werden für Beamte, die die Laufbahnprüfung mit überdurchschnittlichem Erfolg bestanden und in der Probezeit überdurchschnittliche

50 In Bayern etwa beträgt diese zwei Jahre, Art. 12 Abs. 2 Satz 1 Leistungslaufbahngesetz.

Leistungen[51] erbracht haben. Die Laufbahnprüfung hat mit überdurchschnittlichem Erfolg bestanden, wer eine bessere Abschlussnote als „ausreichend" erreicht hat, § 18 Abs. 2 Satz 2 SächsLVO. Nach § 18 Abs. 3 SächsLVO trifft die Ernennungsbehörde die Entscheidung über eine Verkürzung oder Verlängerung[52] der Probezeit.
T erfüllt beide Voraussetzungen. Auch die Probezeitbeurteilung bescheinigte ihm die entsprechende Leistung. Die Probezeit wurde auf zwei Jahre verkürzt.

4. Sachliche Voraussetzungen:
Die sachlichen Voraussetzungen liegen gemäß Bearbeitungshinweis vor.

GESAMTERGEBNIS:
Die Ernennung erfolgte tatsächlich erst zum 3.9.2027. Die Verkürzung der Probezeit ist, wie gezeigt, rechtlich zulässig.

2.5 Sachverhaltsfortsetzung (Erste Beförderung)

Sachverhaltsfortsetzung:

Mit Wirkung zum 1.10.2028 (Sonntag) wird T am Freitag, den 29.9.2028 zur Steueroberinspektorin ernannt. Aufgrund dessen, dass sich T aktuell in einer vom Gesundheitsamt angeordneten Quarantäne aufgrund einer ansteckenden Infektionskrankheit befindet, wird die Urkunde am 29.9.2028 per Post mittels eigenhändig zuzustellenden eingeschriebenen Briefs mit Rückschein zugestellt.
Aufgabe:
Prüfen Sie die Rechtmäßigkeit der Ernennung und gehen Sie auf die aufgeworfenen Probleme ein. Gehen Sie, falls rechtlich möglich, auch auf eventuelle Heilungsmöglichkeiten ein. Liegt hier ein Verstoß gegen das Beförderungsverbot vor (§ 27 Abs. 4

---

51 VwV Beamtenverhältnis II. 3: Die Bewährung in der Probezeit wird im Wege der Probezeitbeurteilung nach Maßgabe der Sächsischen Beurteilungsverordnung festgestellt.

52 VwV Beamtenverhältnis II. 1: Kann die Bewährung bis zum Ablauf der Probezeit noch nicht festgestellt werden (§ 26 Absatz 4 des Sächsischen Beamtengesetzes), soll diese unter Beachtung des § 18 Absatz 3 der Sächsischen Laufbahnverordnung oder anderer laufbahnrechtlicher Vorschriften verlängert werden, wenn die Bewährung in einer verlängerten Probezeit wahrscheinlich ist; der Beamte ist vorher anzuhören. Die Verlängerung der Probezeit ist dem Beamten vor Beendigung der regelmäßigen Probezeit oder, wenn zu dem Zeitpunkt noch keine ausreichenden Erkenntnisse für die Entscheidung vorliegen, unverzüglich danach innerhalb einer den Umständen des Einzelfalles angemessenen Frist unter Angabe der Gründe und unter Festlegung der zeitlichen Dauer schriftlich mitzuteilen. Der Bescheid ist mit einer Rechtsbehelfsbelehrung zu versehen. Im Rahmen der zulässigen Höchstdauer ist eine wiederholte Verlängerung möglich.

SächsBG)? Alle anderen Aspekte der Ernennung sind nicht zu problematisieren und als gegeben zu betrachten.

Lösung

1. Ernennungsart:
Hier handelte es sich um die Beförderung gem. § 8 Abs. 1 Nr. 3 BeamtStG, § 27 Abs. 1 SächsBG.

2. Förmliche Voraussetzungen:
Gemäß der VwV Beamtenverhältnis, III, 5., b.) kann die Ernennungsbehörde, sofern die persönliche Aushändigung der Urkunde nicht möglich ist, die Urkunde ausnahmsweise dem zu Ernennenden per Post mittels eigenhändig zuzustellenden eingeschriebenen Briefs mit Rückschein zustellen, wenn zweifelsfrei feststeht, dass der zu Ernennende seiner Ernennung zustimmt. Die Aushändigung der Ernennungsurkunde an eine bevollmächtigte Person des zu Ernennenden ist nicht zulässig.
Sofern laut Sachverhalt davon ausgegangen werden kann, dass T der Ernennung zustimmt, ist diese Verfahrensweise ausnahmsweise möglich und rechtlich zulässig.
Die weiteren förmlichen Voraussetzungen liegen vor.

3. Persönliche Voraussetzungen:
Ein Beförderungsverbot gem. § 27 Abs. 4 Satz 1 Nr. 2 SächsBG (vor Ablauf eines Jahres seit dem Ende der Probezeit) ist hier **nicht einschlägig**, da das Ende der Probezeit der 3.9.2027 ist und die erste Beförderung am 1.10.2028 erfolgte.
Ein Beförderungsverbot gem. § 27 Abs. 4 Satz 1 Nr. 3 SächsBG (vor Ablauf eines Jahres seit der letzten Beförderung, es sei denn, dass das derzeitige Amt nicht durchlaufen zu werden braucht) ist hier **nicht einschlägig**, da es sich hier um die erste Beförderung handelt.

4. Sachliche Voraussetzungen:
Die übrigen sachlichen Voraussetzungen liegen vor.

GESAMTERGEBNIS:
Die Ernennung ist insgesamt rechtmäßig

3. Laufbahngruppen (§ 15 SächsBG)

Das Laufbahnrecht unterscheidet zwischen Laufbahngruppen und Laufbahnen. Eine Laufbahn umfasst nach § 15 I SächsBG alle Ämter, die derselben Fachrichtung und derselben Laufbahngruppe angehören.

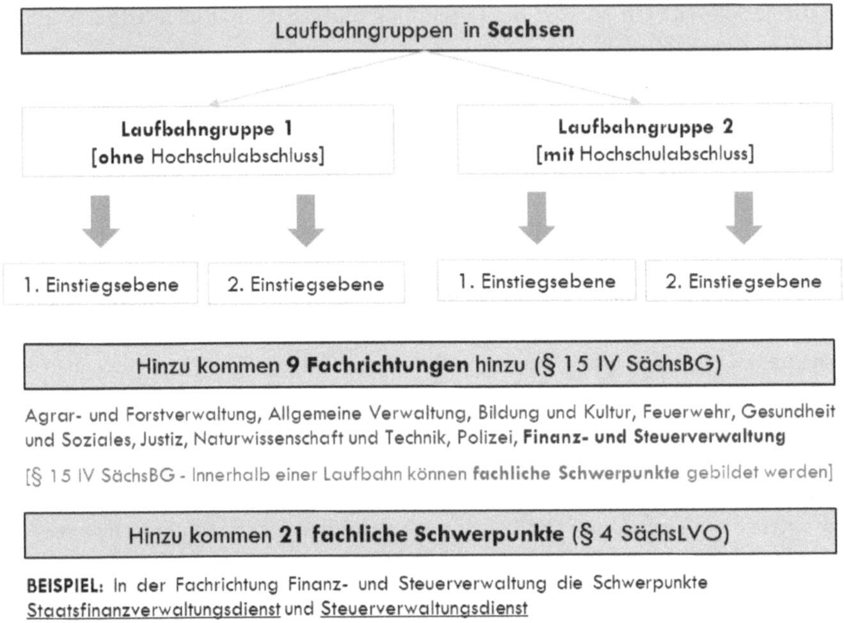

Nach § 15 II SächsBG werden den Laufbahnen zwei Laufbahngruppen zugeordnet. Laufbahngruppe 1 umfasst die Laufbahnen ohne Hochschulabschluss; Laufbahngruppe 2 die Laufbahnen mit Hochschulabschluss. In jeder Laufbahngruppe gibt es zwei qualifikationsbezogene Einstiegsebenen.

Wie die Abbildung zeigt, gibt es gemäß § 15 Abs. 4 SächsBG folgende Fachrichtungen:

- **Agrar- und Forstverwaltung,**
- **Allgemeine Verwaltung,**
- **Bildung und Kultur,**
- **Feuerwehr,**
- **Gesundheit und Soziales,**
- **Justiz,**
- **Naturwissenschaft und Technik,**
- **Polizei und**
- **Finanz- und Steuerverwaltung.**

Innerhalb einer Laufbahn können fachliche Schwerpunkte gebildet werden. Ein fachlicher Schwerpunkt umfasst alle Ämter, die aufgrund fachverwandter Bildung und Qualifikation erreicht werden können.

Die Laufbahnschwerpunkte ergeben sich aus § 4 SächsLVO:

1. in der Fachrichtung Agrar- und Forstverwaltung die Schwerpunkte
a) landwirtschaftlicher Dienst und
b) Forstdienst,

2. in der Fachrichtung Allgemeine Verwaltung die Schwerpunkte
a) allgemeiner Verwaltungsdienst,
b) Archivdienst,
c) Verfassungsschutzdienst,
d) Vollzugsdienst in Abschiebungshaft- und Ausreisegewahrsamseinrichtungen,
e) digitale Verwaltung und
f) wirtschaftswissenschaftlicher und statistischer Dienst,

3. in der Fachrichtung Bildung und Kultur die Schwerpunkte
a) Bildungsdienst und
b) kulturwissenschaftlicher und wissenschaftlicher Dienst,

4. in der Fachrichtung Gesundheit und Soziales die Schwerpunkte
a) sozialwissenschaftlicher Dienst,
b) Gesundheitsdienst und
c) veterinärmedizinischer Dienst,

5. in der Fachrichtung Justiz die Schwerpunkte
a) Justizdienst und
b) Justizvollzugsdienst,

6. in der Fachrichtung Naturwissenschaft und Technik die Schwerpunkte
a) technischer Verwaltungsdienst und
b) naturwissenschaftlicher Dienst,

7. in der Fachrichtung Polizei die Schwerpunkte
a) Polizeivollzugsdienst und
b) Computer- und Internetkriminalitätsdienst,

8. in der Fachrichtung Finanz- und Steuerverwaltung die Schwerpunkte
a) Staatsfinanzverwaltungsdienst und
b) Steuerverwaltungsdienst.

Das Gesetz zur Neuordnung des Dienst-, Besoldungs- und Versorgungsrechts im Freistaat Sachsen (Sächsisches Dienstrechtsneuordnungsgesetz[53]) soll die Wettbewerbsfähigkeit des öffentlichen Dienstes auf dem Arbeitsmarkt erhalten und das Laufbahnsystem trans-

---

53 Drs. 5 / 12230, Gesetzentwurf der Staatsregierung vom 21.6.2021, Begründung zum Gesetzentwurf, S. 254

parenter, schlanker und flexibler gestalten. Durch die Einführung von zwei Laufbahngruppen erfolgt eine klare Unterscheidung in Laufbahnen mit Hochschulausbildung und solche ohne Hochschulausbildung. Der Bologna-Prozess wird im Laufbahnrecht konsequent nachgezeichnet. Der Regelzugang zu den Laufbahnen wird auch für Berufsgruppen geöffnet, die die Laufbahnbefähigung nicht in einem klassischen Vorbereitungsdienst erwerben (→ **siehe dazu den nächsten Gliederungspunkt**). Dies ist ein entscheidendes Attraktivitätskriterium für den öffentlichen Dienst. Aufgrund der technischen Entwicklung und sich ständig ändernder Aufgaben in der öffentlichen Verwaltung wird der öffentliche Dienst in Zukunft auf Wissen und Erfahrung von berufserfahrenen Mitarbeitern zurückgreifen müssen, die ihr Wissen außerhalb des öffentlichen Dienstes erworben haben. Zu denken ist hier an Erfahrungen im Bereich der Internet-Technologie oder auch in Bereichen der Gesundheitsvorsorge. Der öffentliche Dienst muss qualifizierten Quereinsteigern eine Chance bieten, um Leistungsträger gewinnen zu können.

4. Laufbahnbefähigung (§ 17 SächsBG)

4.1 Fallbeispiel – Einstieg in die LG 1, 2. EE

Fallbeispiel:

Die (ausgebildete) Sozialversicherungsfachangestellte (S) überlegt, ob sie sich beim Freistaat Sachsen im allgemeinen Verwaltungsdienst für die LG 1, 2. EE, bewerben kann. Im Moment ist sie sich noch nicht sicher, ob sie sich für den Vorbereitungsdienst bewerben soll oder ob sie sich anderweitig unter Nutzung ihrer bisherigen Ausbildung bewerben kann. Ihre Ausbildung absolvierte Sie bei der AOK in Sachsen. Die Ausbildung liegt aktuell zwölf Monate zurück.
Hinweis: Sie erfüllt die Bildungsvoraussetzung (Realschulabschluss) nach § 16 SächsBG.

Lösungsansatz:
Laufbahnbewerber müssen zum einen die Vorbildung (§ 16 SächsBG) erfüllen. Zum anderen müssen Sie die Laufbahnbefähigung nach § 17 SächsBG besitzen.
Im o. g. Beispiel erfüllt S die Bildungsvoraussetzung nach § 16 SächsBG. Die Befähigung für eine Laufbahn der Laufbahngruppe 1 besitzt nach § 17 Abs. 1 SächsBG, wer die Bildungsvoraussetzungen nach § 16 erfüllt und [...]

2. für die zweite Einstiegsebene
a) einen Vorbereitungsdienst mit einer Laufbahnprüfung oder
b) eine gleichwertige Berufsausbildung erfolgreich abgeschlossen hat oder
c) eine für die Laufbahn geeignete Berufsausbildung erfolgreich abgeschlossen hat und eine dem Vorbereitungsdienst gleichwertige hauptberufliche Tätigkeit nachweist, wenn

nicht eine bestimmte Vorbildung, Ausbildung oder Prüfung besonders vorgeschrieben ist.

Während der o. g. Buchstabe **a)** = **Vorbereitungsdienst** den klassischen Werdegang verdeutlicht, sind die Buchstaben b) und c) insbesondere für Bewerber interessant, die von extern (z. B. aus der Privatwirtschaft) in die öffentliche Verwaltung wechseln möchten oder schon eine Zeit lang als Beschäftigte im öffentlichen Dienst tätig sind und die Möglichkeit der Verbeamtung haben.

Klassiker: Erwerb der Laufbahnbefähigung durch die abgeschlossene Laufbahnprüfung	
oder Abschluss einer **gleichwertigen** Berufsausbildung	**oder** Abschluss einer **geeigneten** Berufsausbildung und Nachweis einer gleichwertigen hauptberuflichen Tätigkeit

Das Anerkennungsverfahren für beide Alternativen (gleichwertige / geeignete Berufsausbildung + hauptberufliche Tätigkeit) ist in § 10 SächsLVO ausgestaltet.

§ 10 SächsLVO
Die für die Fachrichtungen nach § 3 Absatz 1 zuständigen Staatsministerien entscheiden, ob [...]
2. eine Berufsausbildung einem Vorbereitungsdienst für die zweite Einstiegsebene der Laufbahnen der Laufbahngruppe 1 gleichwertig oder in Verbindung mit einer hauptberuflichen Tätigkeit geeignet ist und wann diese hauptberufliche Tätigkeit dem Vorbereitungsdienst gleichwertig ist (§ 17 Absatz 1 Nummer 2 Buchstabe b und c des Sächsischen Beamtengesetzes),
[...]

Am Beispiel der VwV Laufbahnbefähigung Allgemeine Verwaltung ohne Vorbereitungsdienst – abgekürzt VwV LAVoV bedeutet dies:

VwV Laufbahnbefähigung Allgemeine Verwaltung ohne Vorbereitungsdienst
Auszug (mit Markierungen durch den Verfasser)

II.

Laufbahngruppe 1, zweite Einstiegsebene

Die Laufbahnbefähigung ohne Vorbereitungsdienst für die zweite Einstiegsebene der Laufbahn der Laufbahngruppe 1 der Fachrichtung Allgemeine Verwaltung besitzt, wer über die Bildungsvoraussetzung nach § 16 Absatz 1 Nummer 2 des Sächsischen Beamtengesetzes verfügt und

> 1. eine dem mit Laufbahnprüfung abgeschlossenen Vorbereitungsdienst **gleichwertige Berufsausbildung** erfolgreich abgeschlossen hat. **Allgemein als gleichwertig** anerkannt sind Berufsausbildungen als
> a) **Verwaltungsfachangestellte / r und**
> b) **Fachangestellte / r für Medien- und Informationsdienste – Fachrichtung Archiv, bei Zuordnung zum fachlichen Schwerpunkt Archivdienst.**
> Im Einzelfall können weitere Berufsausbildungen durch das Staatsministerium des Innern als gleichwertig anerkannt werden; oder
> 2. eine für die Laufbahn **geeignete Berufsausbildung** erfolgreich abgeschlossen hat und eine dem Vorbereitungsdienst nach § 18 Absatz 4 des Sächsischen Beamtengesetzes **gleichwertige hauptberufliche Tätigkeit** nachweist, wenn nicht eine bestimmte Vorbildung, Ausbildung oder Prüfung vorgeschrieben ist. **Allgemein als geeignet** anerkannt sind Berufsausbildungen als
> a) **Sozialversicherungsfachangestellte / r,**
> b) **Fachangestellte / r für Bürokommunikation und**
> c) **Kaufmann / Kauffrau für Büromanagement, sofern die Ausbildung im Bereich des öffentlichen Dienstes erfolgte.**
> Im Einzelfall können weitere Berufsausbildungen durch das Staatsministerium des Innern als geeignet anerkannt werden. Eine hauptberufliche Tätigkeit ist dem Vorbereitungsdienst gleichwertig, **sofern im Bereich des öffentlichen Dienstes für eine Dauer von mindestens zwei Jahren Aufgaben der allgemeinen Verwaltung dieser Einstiegsebene ausgeübt wurden.** [...]

Lösung zum Fallbeispiel:

Die S hat die Ausbildung zur Sozialversicherungsfachangestellten erfolgreich abgeschlossen. Sie hat jedoch aktuell nur ein Jahr auf dieser Position gearbeitet. Hier sind jedoch mindestens zwei Jahre nötig.

4.2 Fallbeispiel – Einstieg in die LG 2, 1. EE

Fallbeispiel:

> Die (ausgebildete) Sozialversicherungsfachangestellte (S) überlegt, ob sie sich beim Freistaat Sachsen im allgemeinen Verwaltungsdienst für die LG 2, 1. EE bewerben kann. Im Moment ist sie sich noch nicht sicher, ob sie sich für den Vorbereitungsdienst bewerben soll oder ob sie sich anderweitig unter Nutzung ihrer bisherigen Ausbildung bewerben kann. Seit zwei Jahren nimmt sie eine gehobene Sachbearbeiterfunktion wahr und hat sich nebenbei an der Fernuni in Hagen weitergebildet. Sie hat den Bachelor of Laws erfolgreich abgeschlossen.
> Hinweis: Sie erfüllt die Bildungsvoraussetzung (Fachhochschulreife) nach § 16 SächsBG.

Lösungsansatz:
Laufbahnbewerber müssen zum einen die Vorbildung (§ 16 SächsBG) erfüllen. Zum anderen müssen Sie die Laufbahnbefähigung nach § 17 SächsBG besitzen.
Im o. g. Beispiel erfüllt S die Bildungsvoraussetzung nach § 16 SächsBG. Die Befähigung für eine Laufbahn der Laufbahngruppe 2 besitzt nach § 17 Abs. 2 SächsBG, wer die Bildungsvoraussetzungen nach § 16 erfüllt und [...]

1. für die erste Einstiegsebene

a) einen Vorbereitungsdienst mit einer Laufbahnprüfung erfolgreich abgeschlossen hat oder
b) ein unmittelbar für die Laufbahn qualifizierendes Hochschulstudium mit dem Bachelorgrad oder diesem entsprechenden Diplomgrad abgeschlossen hat oder
c) ein sonstiges für die Laufbahn geeignetes Hochschulstudium mit dem Bachelorgrad oder diesem entsprechenden Diplomgrad abgeschlossen hat und eine dem Vorbereitungsdienst gleichwertige hauptberufliche Tätigkeit nachweist, wenn nicht eine bestimmte Vorbildung, Ausbildung oder Prüfung besonders vorgeschrieben ist, [...]

Während Buchstabe **a) = Vorbereitungsdienst** den klassischen Werdegang verdeutlicht, sind die Buchstaben b) und c) insbesondere für Bewerber interessant, die von extern (z. B. aus der Privatwirtschaft) in die öffentliche Verwaltung wechseln möchten oder schon eine Zeit lang als Beschäftigte im öffentlichen Dienst tätig sind und die Möglichkeit der Verbeamtung haben.

Klassiker: Erwerb der Laufbahnbefähigung durch die abgeschlossene Laufbahnprüfung	
oder Abschluss eines **unmittelbar** für die Laufbahn qualifizierendes Hochschulstudium mit dem Bachelorgrad / Diplomgrad	**oder** Abschluss eines für die Laufbahn **geeigneten Hochschulstudiums** mit dem Bachelorgrad / Diplomgrad und gleichwertige berufliche Tätigkeit

Das Anerkennungsverfahren für beide Alternativen (gleichwertige / geeignete Berufsausbildung + hauptberufliche Tätigkeit) ist in § 10 SächsLVO ausgestaltet.

§ 10 SächsLVO
Die für die Fachrichtungen nach § 3 Absatz 1 zuständigen Staatsministerien entscheiden, ob [...]
3. ein Hochschulstudiengang unmittelbar für die erste Einstiegsebene der Laufbahnen der Laufbahngruppe 2 qualifiziert oder in Verbindung mit einer hauptberuflichen Tätigkeit geeignet ist und wann diese hauptberufliche Tätigkeit dem Vorbereitungs-

dienst gleichwertig ist (§ 17 Absatz 2 Nummer 1 Buchstabe b und c des Sächsischen Beamtengesetzes), [...]

Am Beispiel der VwV Laufbahnbefähigung Allgemeine Verwaltung ohne Vorbereitungsdienst – abgekürzt VwV LAVoV bedeutet dies:

VwV Laufbahnbefähigung Allgemeine Verwaltung ohne Vorbereitungsdienst Auszug (mit Markierungen durch den Verfasser)

III.

Laufbahngruppe 2, erste Einstiegsebene

Die Laufbahnbefähigung ohne Vorbereitungsdienst für die erste Einstiegsebene der Laufbahn der Laufbahngruppe 2 der Fachrichtung Allgemeine Verwaltung besitzt, wer über die Bildungsvoraussetzung nach § 16 Absatz 2 Nummer 1 des Sächsischen Beamtengesetzes verfügt und

1. einen **unmittelbar für die Laufbahn qualifizierenden Hochschulstudiengang** mit dem **Bachelor- oder diesem entsprechenden Diplomgrad** erfolgreich abgeschlossen hat. Allgemein als unmittelbar qualifizierend anerkannt sind mit einem Bachelor- oder diesem entsprechenden Diplomgrad abgeschlossene Hochschulstudiengänge der Allgemeinen Verwaltung an einer deutschen Verwaltungsfachhochschule[54], sofern durch den Abschluss nicht bereits eine Laufbahnbefähigung im Bereich eines anderen Dienstherrn nach § 19 des Sächsischen Beamtengesetzes erworben wurde. Im Einzelfall können weitere mit einem Bachelor- oder diesem entsprechenden Diplomgrad abgeschlossene Hochschulstudiengänge durch das Staatsministerium des Innern als unmittelbar qualifizierend anerkannt werden; oder
2. einen **sonstigen für die Laufbahn geeigneten** Hochschulstudiengang mit dem Bachelor- oder diesem entsprechenden Diplomgrad erfolgreich abgeschlossen hat und eine dem Vorbereitungsdienst nach § 18 Absatz 5 des Sächsischen Beamtengesetzes **gleichwertige hauptberufliche Tätigkeit** nachweist, wenn nicht eine bestimmte Vorbildung, Ausbildung oder Prüfung besonders vorgeschrieben ist. **Allgemein als geeignet anerkannt** sind
a) **mit einem Bachelor of Laws oder diesem entsprechenden Diplomgrad erfolgreich abgeschlossene sonstige rechts- oder verwaltungswissenschaftliche Hochschulstudiengänge** und
b) mit einem Bachelor- oder diesem entsprechenden Diplomgrad abgeschlossene **archivwissenschaftliche Hochschulstudiengänge an der Fachhochschule Potsdam**, bei Zuordnung zum Schwerpunkt Archivdienst.

54 Als Beispiel: Public Management (B. A.) an der Hochschule Nordhausen

Im Einzelfall können weitere mit einem Bachelor- oder diesem entsprechenden Diplomgrad abgeschlossene Hochschulstudiengänge durch das Staatsministerium des Innern als geeignet anerkannt werden. Eine hauptberufliche Tätigkeit ist dem Vorbereitungsdienst gleichwertig, sofern
a) im Bereich des öffentlichen Dienstes für eine Dauer von **mindestens drei Jahren Aufgaben** der allgemeinen Verwaltung dieser Einstiegsebene oder
b) bei Zuordnung zum **Schwerpunkt Archivdienst** über einen Zeitraum von mindestens drei Jahren Aufgaben im öffentlichen Dienst in einem staatlichen oder fachlich geleiteten kommunalen Archiv ausgeübt wurden.

Lösung zum Fallbeispiel:
Die S hat das Studium Bachelor of Laws an der Fernuni Hagen erfolgreich abgeschlossen. Sie hat jedoch aktuell nur zwei Jahre auf dieser gehobenen Sachbearbeiter-Funktion gearbeitet. Hier sind jedoch mindestens drei Jahre nötig.

Kapitel 3 – Funktionelle Änderungen (einschl. Fallbearbeitung)

I. Grundsätzliches

Eine der wichtigsten Aufgaben der Behördenleitung(en) ist die Personalsteuerung. Die Effizienz der Verwaltung hängt entscheidend vom richtigen Personaleinsatz ab. Es geht, vereinfacht ausgedrückt, darum, den geeigneten Mitarbeiter *an den richtigen Arbeitsplatz zu bringen.*

Die wichtigsten Instrumente der Personalplanung sind – neben der Einstellung neuer Mitarbeiter –

- die Versetzung
- die Abordnung
- die Umsetzung

Daneben gibt es auch noch die Zuweisung, die im Folgenden nur der Vollständigkeit halber erwähnt wird.

Die genannten Maßnahmen dienen zur Erhaltung der Funktions- und Leistungsfähigkeit der öffentlichen Verwaltung sowie zur Bewältigung von Aufgaben- und Organisationsänderungen.

> *Ein Beispiel für den Einsatz dieser Maßnahmen war der öffentliche Gesundheitsdienst während der Corona-Pandemie. Dieser wurde u. a. durch Kräfte von anderen (staatlichen) Behörden unterstützt, z. B. in Form der Abordnung von Beamtinnen und Beamten.*

Um die nachfolgenden Erläuterungen zu den verschiedenen funktionellen Änderungen verstehen zu können, ist es unerlässlich, sich den Behördenaufbau innerhalb Sachsens zu vergegenwärtigen.

2. Behördenaufbau

Zunächst ist es wichtig, zwischen der staatlichen und der kommunalen Ebene zu unterscheiden.

Staatliche Ebene	Kommunale Ebene

Die **Staatsverwaltung** gliedert sich in die obersten Staatsbehörden, die allgemeinen Staatsbehörden und die besonderen Staatsbehörden. Als oberste Staatsbehörden bezeichnet man die Staatsregierung, den Ministerpräsidenten und die Staatsministerien. Die Landesdirektion nimmt Aufgaben aus mehreren Staatsministerien wahr und koordiniert die staatliche Verwaltungstätigkeit im gesamten Freistaat Sachsen. Sie wird daher als allgemeine Staatsbehörde bezeichnet. Demgegenüber üben die oberen und unteren besonderen Staatsbehörden nur bestimmte Aufgaben eines Ministeriums aus.

Am Beispiel des Staatsministeriums des Innern[55]:

⇨ Allgemeine Staatsbehörden – Landesdirektion Sachsen
⇨ Oberste besondere Staatsbehörden:
- Landesamt für Verfassungsschutz
- Präsidium der Bereitschaftspolizei
- Landeskriminalamt Sachsen
- Polizeiverwaltungsamt
- Polizeidirektionen
- Hochschule der Sächsischen Polizei (FH)
- Landesfeuerwehr- und Katastrophenschutzschule
- Statistisches Landesamt
- Sächsisches Staatsarchiv
- Hochschule Meißen (FH) und Fortbildungszentrum

⇨ Untere besondere Staatsbehörden – dem Sächsischen Staatsministerium des Innern (SMI) sind derartige Behörden nicht unterstellt.

Kommunale Ebene: Im Freistaat Sachsen bilden die Landkreise, die kreisfreien Städte sowie die kreisangehörigen Städte und Gemeinden die Kommunalebene. Neben drei kreisfreien Städten gibt es zehn Landkreise, denen insgesamt 416 Städte und Gemeinden angehören (Stand: 1.1.2022).[56]

---

55 Entnommen aus: https://www.moderneverwaltung.sachsen.de/organisation-der-saechsischen-staatsverwaltung-3990.html?_cp=%7B%7D (zuletzt abgerufen am 5.7.2022)

56 Text und Zahlen entnommen aus: https://www.kommunale-verwaltung.sachsen.de/kommunale-gliederung-4869.html (zuletzt abgerufen am 5.7.2022)

Die kreisangehörigen Gemeinden und Städte nehmen gemeindliche Aufgaben wahr. Eine Sonderstellung haben die großen Kreisstädte. Insgesamt gibt es im Freistaat Sachsen mit Stand 1.1.2022 insgesamt 53 große Kreisstädte. Diese sind als kreisangehörige Städte neben ihren gemeindlichen Aufgaben auch für einzelne Aufgaben des Landkreises zuständig, beispielsweise für die Ausstellung von Erlaubnissen nach der Gewerbeordnung oder die Ahndung von Verkehrsordnungswidrigkeiten. Die Landkreise nehmen in der Regel überörtliche Aufgaben wahr. Die kreisfreien Städte erfüllen sowohl gemeindliche als auch die Aufgaben eines Landkreises.

Kommunale Ebene
• Kreisfreie Städte • Landkreise • Kreisangehörige Städte/Gemeinden • Sonstige, z. B. Verwaltungsverbände

MERKE

Sofern nachfolgend von einem Behördenwechsel gesprochen wird, muss man sich vor Augen führen, dass damit z. B. der Wechsel von einer zur anderen Gemeinde gemeint ist, aber auch der Wechsel vom Landratsamt zur Gemeinde (und umgekehrt). Auch der Wechsel zwischen Behörden der Staatsverwaltung und der Wechsel von einer staatlichen zu einer kommunalen Behörde wird davon umfasst.

3. Funktionelle Änderungen im Detail

Durch verschiedene Maßnahmen des Dienstherrn kann das durch Ernennung begründete Beamtenverhältnis verändert werden (teils mit, teils ohne Zustimmung des Beamten). Zeitlich betrachtet können diese Maßnahmen auf Dauer angelegt oder nur vorübergehend sein. Der Beamte kann bei derselben Behörde verbleiben, zu einer anderen Behörde desselben oder eines anderen Dienstherrn gelangen oder gar ausnahmsweise in der Privatwirtschaft eingesetzt werden. Bei diesen Maßnahmen kann das Amt

- im konkret-funktionellen,
- im abstrakt-funktionellen oder sogar
- im statusrechtlichen Sinne betroffen sein.

Funktionelle Änderungen im Überblick

Abordnung	Versetzung	Umsetzung	Zuweisung
*§ 14 BeamtStG **§ 31 SächsBG**	*§ 15 BeamtStG **§ 32 SächsBG**	**Gesetzlich nicht geregelt**	**§ 20 BeamtStG**
Merkmale			
• Behördenwechsel (ggf. auch Dienstherrnwechsel) • Vorübergehender Wechsel • Verwaltungsakt (Außenwirkung)	• Behördenwechsel (ggf. auch Dienstherrnwechsel) • Dauerhafter Wechsel • Verwaltungsakt (Außenwirkung)	• **KEIN** Behördenwechsel (auch kein Dienstherrnwechsel) • Nur ein neuer Aufgabenkreis • **KEIN** Verwaltungsakt (keine Außenwirkung)	• Vorübergehende Zuordnung des Beamten zu einer anderen **Stelle ohne Dienstherrnfähigkeit**, z. B. EU, UN …

* Diese Regelungen betreffen nur einen länderübergreifenden Wechsel (z. B. Sachsen – Hessen) oder einen Wechsel in die Bundesverwaltung (z. B. Sachsen – Bund).

3.1 Abordnung (inkl. Prüfungsschema)

Grundlegende Merkmale:

- geregelt in § 31 SächsBG,
- **vorübergehende**, d. h. zeitlich befristete, vollständige oder teilweise Zuordnung einer anderen Aufgabe bei einer anderen Behörde desselben (oder eines anderen Dienstherrn) → **Behördenwechsel,**
- die Zugehörigkeit zur bisherigen Behörde wird nicht aufgehoben (zwei Dienstvorgesetzte),
- Änderung des Aufgabenkreises, somit Änderung des Amtes im konkret-funktionellen Sinne,
- und Zuordnung zu einer anderen Behörde, somit auch Änderung des Amtes im abstrakt-funktionellen Sinne.

§ 31 SächsBG (Auszug und Hervorhebungen durch den Verfasser)

(1) Die vorübergehende Übertragung einer Tätigkeit bei einer anderen Dienststelle **desselben oder eines anderen in § 1 genannten Dienstherrn** unter Beibehaltung der Zugehörigkeit zur bisherigen Dienststelle (Abordnung) kann ganz oder teilweise erfolgen.

(2) Der Beamte kann aus dienstlichen Gründen zu einer seinem Amt entsprechenden Tätigkeit abgeordnet werden.

[...]

Wesentliche Voraussetzungen sind:

- **AMT:** Beamte/Beamtin muss ein Amt hat innehaben (Probe- und Lebenszeitbeamte; keine Widerrufsbeamten)
- **ANDERE DIENSTSTELLE:** Abordnung muss an eine andere Behörde erfolgen[57]
- DIENSTLICHER GRUND (§ 31 Abs. 2 SächsBG): u. a.
  - personeller Engpass bei aufnehmender/Personalüberhang bei abgebender Stelle;
  - Kenntniserweiterung des Beamten/der Beamtin

Durch die Abordnung wird die Zugehörigkeit des Beamten zur bisherigen Behörde nicht aufgehoben. Diese bleibt sog. *Stammdienststelle.* Daher sind für die Dauer der Abordnung drei Rechtsbeziehungen zu unterscheiden.

BEISPIEL:
Ein Regierungsinspektor wechselt von seiner Stammdienststelle (Landesdirektion Sachsen) für die Dauer eines Jahres zum Statistischen Landesamt, um dort zu unterstützen.

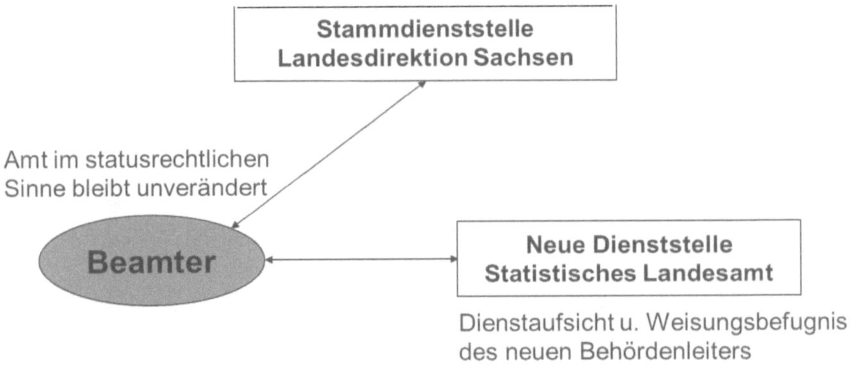

Erste Rechtsbeziehung (zwischen dem Beamten und seiner bisherigen Dienststelle)

- Dieses Verhältnis (hier: Regierungsinspektor → Landesdirektion) bleibt *maßgeblich* für sein Amt im statusrechtlichen Sinne sowie für die Rückkehr des Beamten nach Ablauf des Abordnungszeitraums. Auch die Regelungen in Bezug auf die Besoldung und Versorgung bestimmen sich nach dieser Beziehung.

57 Hier ist zwingend der entsprechende Behördenaufbau zu berücksichtigen.

Zweite Rechtsbeziehung (zwischen dem Beamten und der neuen Dienststelle)

- Das Verhältnis zur neuen Dienststelle (hier: Regierungsinspektor → Statistisches Landesamt) ist maßgebend für die übrigen Rechte und Pflichten des Beamten, insbesondere aber für die Weisungsgebundenheit. Der Beamte unterliegt der Weisungsgebundenheit des neuen Behördenleiters.

Dritte Rechtsbeziehung (zwischen der der alten und der neuen Dienststelle)

- Die Abordnung ist ein Verwaltungsakt, der von der abgebenden Behörde (hier die Landesdirektion) im Einvernehmen (schriftlich) mit der aufnehmenden Behörde (hier Stadt Statistisches Landesamt) ausgesprochen wird.

Wichtig für den kommunalen Bereich – innerhalb der Gemeinden ist eine Abordnung (und die Versetzung) nicht möglich, da die Gemeinde selbst eine Behörde ist. Entsprechend lässt sich dies auch auf die Landkreise und die anderen nichtstaatlichen Dienstherren übertragen. Gemäß § 6 Abs. 3 SächsBG ist eine Abordnung (und eine Versetzung) für Ehrenbeamte nicht möglich. Auch Beamte auf Widerruf stellen eine Sondergruppe dar: Diese werden im Rahmen der Ausbildung bzw. des Studiums bestimmten Ausbildungsstellen zugewiesen.

Grundsatz: Amtsangemessene Abordnung (§ 31 Abs. 2 SächsBG)	
Unterwertige Tätigkeit nach § 31 Abs. 3 Satz 1 und 2 SächsBG möglich	→ Zustimmung des Beamten, wenn die Abordnung die Dauer von zwei Jahren übersteigt

Ein weiterer Fall bedarf der Zustimmung des Beamten:
Nach § 31 Abs. 4 Satz 1 SächsBG bedarf die Abordnung zu einem anderen Dienstherrn grundsätzlich der Zustimmung des Beamten, z. B. von einer staatlichen und zu einer nichtstaatlichen (kommunalen) Behörde. Eine Ausnahme davon macht § 31 Abs. 4 Satz 2: Abweichend von Satz 1 ist die Abordnung auch ohne Zustimmung des Beamten zulässig, wenn die neue Tätigkeit einem Amt mit demselben Endgrundgehalt auch einer anderen oder gleichwertigen Laufbahn entspricht und die Abordnung die Dauer von fünf Jahren nicht übersteigt.
Elemente des Rechtsschutzes:

- Anfechtbarer VA
- Widerspruch hat keine aufschiebende Wirkung (§ 54 Abs. 4 BeamtStG)
- Vor einer Abordnung: Anhörung des Beamten (§ 28 VwVfG; § 39 Abs. 1 Satz 2 SächsBG)
- In bestimmten Fällen ist die Zustimmung des Beamten vor Erlass einzuholen.

Schema zur Prüfung der Rechtmäßigkeit einer Abordnung
1. FORMELLE Rechtmäßigkeit 1.1 Zuständigkeit 1.2 Anhörung (des Beamten) 1.3 Form (der Abordnung) 1.4 Begründung (der Abordnung) 1.5 Zustimmung (des Beamten) 1.6 Personalratsbeteiligung
2. MATERIELLE Rechtmäßigkeit 2.1 § 31 Abs. 2 SächsBG: Dienstlicher Grund 2.2 Einvernehmen 2.3 Ermessen

3.2 Versetzung (inkl. Prüfungsschema)

Grundlegende Merkmale:

- geregelt in § § 32 SächsBG,
- **auf Dauer** angelegte Übertragung eines anderen Amtes bei einer anderen Behörde desselben (oder eines anderen Dienstherrn) → **Behördenwechsel**,
- Änderung des Aufgabenkreises, somit Änderung des Amtes im konkret-funktionellen Sinne,
- und Zuordnung zu einer anderen Behörde, somit auch Änderung des Amtes im abstrakt-funktionellen Sinne.

§ 32 SächsBG (Auszug und Hervorhebungen durch den Verfasser)

(1) Die auf Dauer angelegte Übertragung eines anderen Amtes bei **demselben oder einem anderen in § 1 genannten Dienstherrn** (Versetzung) kann auf **Antrag** oder aus **dienstlichen Gründen** erfolgen. [...]

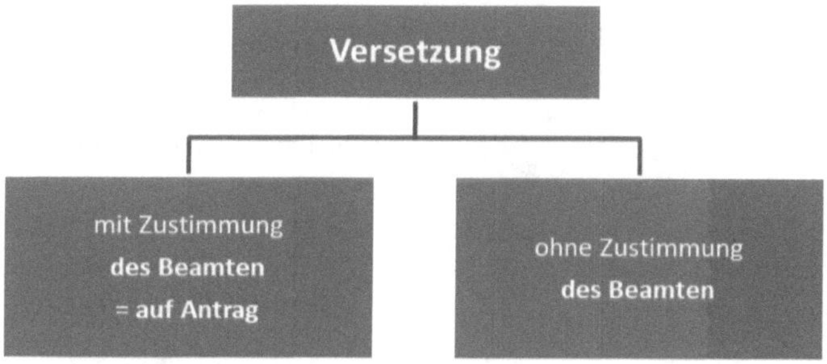

Wesentliche Voraussetzungen sind:

- **AMT:** Voraussetzung ist, dass der Beamte ein Amt hat (Probe- und Lebenszeitbeamte)[58]
- **ANDERE DIENSTSTELLE:** Versetzung muss an eine andere Behörde erfolgen → im Gegensatz zur Abordnung ist die Versetzung dauerhaft!
- **Auf Antrag**[59] oder aus **dienstlichen Gründen** = alle sachlichen Gründe (z. B. Personalengpässe, Personalüberhänge, besonderer Arbeitsanfall, Auflösung von Spannungsverhältnissen)

BEISPIEL:
Ein Regierungsinspektor wechselt von seiner Stammdienststelle (Landesdirektion) auf Dauer zum Statistischen Landesamt.

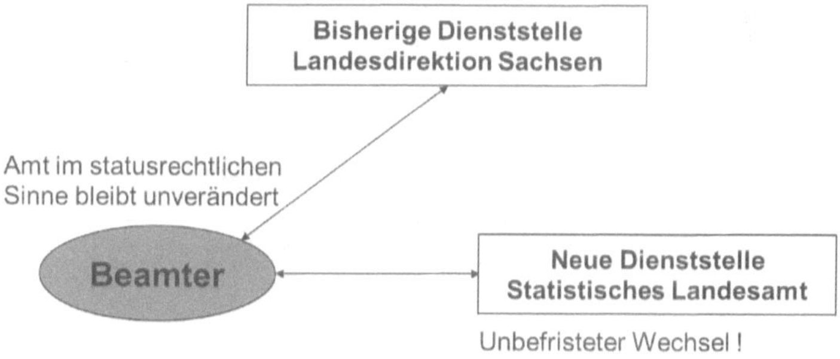

58 Nicht versetzt werden können Widerrufsbeamte sowie Ehrenbeamte. Auch die kommunalen Wahlbeamten sind nicht zu versetzen.

59 Der formlose Versetzungsantrag kann unter Benennung der Gründe und/oder aufgrund einer Stellenausschreibung erfolgen. Ein Rechtsanspruch auf Versetzung besteht nicht; es handelt sich um eine Ermessensentscheidung. Persönliche Gründe und dienstliche Notwendigkeiten müssen gegeneinander abgewogen werden.

Kernaussage des § 32 Abs. 2 SächsBG	
Versetzung auf Antrag	Versetzung aus dienstlichen Gründen → **ableitende Beamtenpflicht!**
• nur möglich, wenn der Beamte die für das neue Amt erforderliche Laufbahnbefähigung besitzt	• Besitzt der Beamte die für das neue Amt erforderliche Laufbahnbefähigung nicht, ist er verpflichtet, an Maßnahmen zu deren Erwerb teilzunehmen.

Die Zustimmung des Beamten ist nach § 32 Abs. 3 SächsBG erforderlich, wenn er nicht in ein Amt mit mindestens demselben Grundgehalt versetzt wird, wobei Stellenzulagen nicht als Bestandteile des Endgrundgehaltes gelten.

Weiterhin ist § 32 Abs. 4 SächsBG bei einer Behördenauflösung etc. zu beachten[60]: Bei der Auflösung oder einer wesentlichen Änderung des Aufbaus oder der Aufgaben einer Behörde oder der Verschmelzung von Behörden kann ein Beamter, dessen Aufgabengebiet davon berührt ist, auch ohne seine Zustimmung in ein anderes Amt mit geringerem Endgrundgehalt derselben oder einer anderen Laufbahn im Bereich desselben Dienstherrn versetzt werden, wenn eine dem bisherigen Amt entsprechende Verwendung nicht möglich ist. Das Endgrundgehalt muss mindestens dem des Amtes entsprechen, das der Beamte vor dem bisherigen Amt innehatte.
Elemente des Rechtsschutzes:

- Anfechtbarer VA
- Widerspruch hat keine aufschiebende Wirkung (§ 54 Abs. 4 BeamtStG)
- Vor einer Versetzung: Anhörung des Beamten (§ 28 VwVfG; § 39 Abs. 1 Satz 2 SächsBG)
- In bestimmten Fällen ist die Zustimmung des Beamten vor Erlass einzuholen.

1. FORMELLE Rechtmäßigkeit
1.1 Zuständigkeit 1.2 Anhörung (des Beamten) 1.3 Form (der Versetzung) 1.4 Begründung (der Versetzung) 1.5 Zustimmung (des Beamten) 1.6 Personalratsbeteiligung

60 Da die Gemeinden und Landkreise nicht über eine eigene Behördenstruktur verfügen, ist diese Rechtsvorschrift praktisch nur für die Staatsverwaltung einschlägig.

2. MATERIELLE Rechtmäßigkeit
2.1 § 32 Abs. 1 SächsBG: Dienstlicher Grund
2.2 Einvernehmen
2.3 Ermessen

3.3 Umsetzung (inkl. Prüfungsschema)

Grundlegende Merkmale:

- gesetzlich nicht ausdrücklich geregelt,
- **vorübergehende oder dauerhafte** Zuweisung einer anderen Aufgabe (an einer anderen Position) innerhalb einer Behörde → **kein Behördenwechsel**,
- Änderung des Aufgabenkreises (neues Aufgabenfeld), somit Änderung des Amtes im konkret-funktionellen Sinne,
- aber keine Änderung des Amtes im abstrakt-funktionellen Sinne, da der Beamte immer noch der gleichen Behörde angehört,
- (lediglich) innerdienstliche Maßnahme (kein Verwaltungsakt[61]).

BEISPIEL:
Ein Verwaltungsbeamter der Stadt Leipzig, dort tätig im Kulturreferat, wechselt unbefristet (oder befristet) zum dortigen Wirtschaftsreferat.

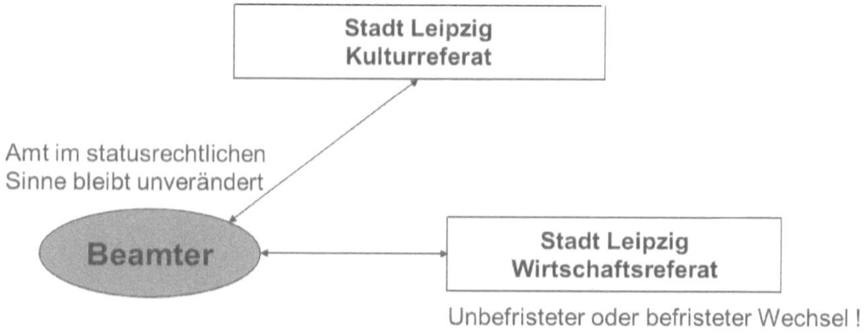

61 BVerwGE, Urt. vom 22.5.1980 – 2 C 30/78 –

Es handelt sich also um eine Umsetzung, wenn ein Beamter auf Dauer auf einen neuen Dienstposten **innerhalb derselben Behörde** wechselt. Dies kann in derselben Dienststelle oder einer anderen Dienststelle der jeweiligen individuellen Behördenstruktur erfolgen. Auch wenn die Übernahme des neuen Dienstpostens mit einem Ortswechsel verbunden ist, weil die Behörde z. B. auf mehrere Orte verteilt ist, ist dies für die begriffliche Abgrenzung ohne Bedeutung. Ob sich eine Maßnahme im Einzelfall als Versetzung, Abordnung oder Umsetzung darstellt, hängt u. a. von der Personalorganisation der Dienststelle ab.[62]

Man bezeichnet die Umsetzung auch als Maßnahme der Geschäftsverteilung. Der Dienstherr kann einen Beamten aus jedem sachlichen Grund umsetzen. Der Grund für die Umsetzung muss nachvollziehbar und ermessensfehlerfrei sein. Die Umsetzung darf nicht willkürlich sein.

Sie Umsetzung ist kein Verwaltungsakt, da sie nicht dazu bestimmt ist, Außenwirkung zu entfalten (rein interner Vorgang). Die Umsetzung ergibt sich aus dem Weisungsrecht des Dienstvorgesetzten, die Geschäftsverteilung zu regeln.

Es kommt auch nicht darauf an, ob die Umsetzung eine mehr oder weniger zufällige tatsächliche (oder *gefühlte*) Außenwirkung hat.[63] Daher unterliegt sie nicht den verwaltungsrechtlichen Anforderungen gem. VwVfG. Sie kann demzufolge auch mündlich und ohne Anhörung des Beamten erfolgen.[64]
Elemente des Rechtsschutzes:

- Kein VA
- Allgemeine Leistungsklage

Schema zur Prüfung der Rechtmäßigkeit einer Umsetzung
1. FORMELLE Rechtmäßigkeit 1.1 Zuständigkeit 1.2 Anhörung (des Beamten) 1.3 Form (der Umsetzung) 1.4 Personalratsbeteiligung
2. MATERIELLE Rechtmäßigkeit Ermessensentscheidung der Behörde und Abwägung dienstlichen Belange mit den privaten Belangen des Beamten

62 *Leppek*, Beamtenrecht, S. 103
63 *Leppek*, Beamtenrecht, S. 103
64 Eine vorherige Anhörung ist aus Gründen der Fürsorge, Motivation und sachgerechten Entscheidung geboten.

3.4 Zuweisung

Grundlegende Merkmale:

- geregelt in § 20 BeamtStG,
- vorübergehende Zuordnung des Beamten zu einer anderen (öffentlichen) Stelle **ohne Dienstherrnfähigkeit**
- ändert das Amt im konkret-funktionellen als auch im abstrakt-funktionellen Sinne,
- Amt im statusrechtlichen Sinne bleibt erhalten.

In Betracht kommt die Zuweisung z. B. im Rahmen von Missionen der Vereinten Nationen, der Europäischen Union und anderer internationaler Organisationen (z. B. Auslandseinsätze unter Beteiligung sächsischer Polizeivollzugsbeamter).

4. Fallbearbeitung

4.1 Fall 1 – Versetzung

SACHVERHALT

Das Präsidium der Bereitschaftspolizei (mit Sitz in Leipzig) bittet mit Schreiben vom **3.2.2020** die oberste Dienstbehörde (Sächsisches Staatsministerium des Innern – kurz: SMI) um Unterstützung durch das Polizeiverwaltungsamt (mit Sitz in Dresden). Hintergrund ist eine Langzeiterkrankung des Kollegen, der bisher eine wichtige Funktion im Führungsstab, Referat 3 (Technik, Verwaltung), ausgeübt hat. Ideal wäre es, wenn der betreffende Beamte entsprechende Vorkenntnisse in diesem Fachgebiet mitbringt. Ein weiterer Rückgriff auf Personal der anderen Referate ist nicht mehr länger möglich.

Aus Sicht des zuständigen Personalsachbearbeiters des SMI kommt Herr Regierungsoberinspektor (ROI) Manfred Schlosser als geeigneter Kandidat in Betracht. Er war seit seiner Berufung in das **Beamtenverhältnis auf Probe am 1.9.2018** beim Polizeiverwaltungsamt in der Abteilung 1, Referat 12 (Technik, Verwaltung) eingesetzt. Andere Kollegen scheiden, was die Vorkenntnisse angeht, aus. Zudem kommt, dass ROI Schlosser in Döbeln wohnhaft ist.

Herrn Schlosser wurde am **2.3.2020** ein Schreiben gegen Empfangsbekenntnis ausgehändigt. Der Inhalt dieses Schreibens war die Anordnung, dass ROI Schlosser mit Wirkung vom **1.4.2020** auf Dauer zum Präsidium der Bereitschaftspolizei wechselt, einschließlich einer umfassenden Begründung. Gegen diese Anordnung hat Herr Schlosser mit Schreiben vom **4.3.2020** entsprechende Einwendungen erhoben, u. a. gibt er an, dass mit ihm vorher nicht gesprochen wurde und dass doch sein vorheriges schriftliches

Einvernehmen erforderlich gewesen wäre. Im Übrigen wurde auch der Personalrat nicht beteiligt.

Aufgabe:

Ist die gegen ROI Schlosser am 2.3.2020 angeordnete Maßnahme formell und materiell rechtmäßig? Soweit Sie Fehler feststellen sollten, zeigen Sie bitte auch ggf. bestehende Heilungsmöglichkeiten auf.

Lösung

Sie sollten zunächst – also vor Erstellung der eigentlichen Lösungsskizze – folgende Fragen beantworten (die Antworten finden Sie auf der nächsten Seite):

- **Frage 1: Statusfeststellung des Beamten?**
- **Frage 2: Handelt es sich um eine Versetzung, Abordnung oder Umsetzung?**
- **zu Frage 1: Statusfeststellung des Beamten?**

ROI Schlosser ist Staatsbeamter beim Polizeiverwaltungsamt, einer oberen besonderen Staatsbehörde im Geschäftsbereich des Staatsministeriums des Innern.

- **zu Frage 2: Handelt es sich um eine Versetzung, Abordnung oder Umsetzung?**

ROI Schlosser soll auf Dauer vom Polizeiverwaltungsamt als Staatsbeamter zu einer anderen oberen besonderen Staatsbehörde, dem Präsidium der Bereitschaftspolizei, wechseln!

→Es handelt sich hierbei um eine Versetzung, § 32 SächsBG
→Demzufolge müssen Sie nun folgendes Prüfungsschema beachten:

Schema zur Prüfung der Rechtmäßigkeit einer Versetzung (im Überblick)

1. FORMELLE Rechtmäßigkeit
1.1 Zuständigkeit
1.2 Anhörung (des Beamten)
1.3 Form (der Versetzung)
1.4 Begründung (der Versetzung)
1.5 Zustimmung (des Beamten)
1.6 Personalratsbeteiligung

2. MATERIELLE Rechtmäßigkeit
2.1 § 32 Abs. 1 SächsBG: Dienstlicher Grund
2.2 Einvernehmen
2.3 Ermessen

Einleitender Obersatz:

Zu prüfen ist die Rechtmäßigkeit der Versetzung gem. § 32 SächsBG. Es handelt sich um eine Versetzung, da ein dauerhafter Behördenwechsel vom Polizeiverwaltungsamt zum Präsidium der Bereitschaftspolizei vorliegt.

1.1 Zuständigkeit

Nach § 39 Abs. 1 Satz 1 SächsBG ordnet die Versetzung grundsätzlich die Ernennungsbehörde an. Hier wäre dies das Polizeiverwaltungsamt mit der entsprechenden Behördenleitung gemäß § 10 Abs. 2 SächsBG i. V. m. §§ 1, 3 ErnVO. Allerdings ist § 39 Abs. 2 SächsBG zu beachten: **Für die Versetzung von Staatsbeamten** (für deren Ernennung der Ministerpräsident zuständig wäre) **innerhalb eines Geschäftsbereichs** ist die oberste Dienstbehörde des jeweiligen Geschäftsbereichs zuständig. Dies ist hier das SMI als oberste Dienstbehörde.[65]

1.2 Anhörung

Nach § 28 Abs. 1 VwVfG und § 39 Abs. 1 Satz 2 SächsBG ist eine Anhörung notwendig, da es sich bei der Versetzung um einen belastenden Verwaltungsakt handelt (§ 35 S. 1 VwVfG). ROI Schlosser ist zweifelsfrei Beteiligter gem. § 13 Abs. 1 Nr.2 VwVfG. Problematisch ist allerdings, dass laut Sachverhalt keine Anhörung durchgeführt wurde. Die Maßnahme ist demnach formell rechtswidrig. Eine Heilung ist jedoch möglich, indem die Anhörung nachträglich durchgeführt wird, § 45 Abs.1 Nr.3, Abs. 2 VwVfG. [*Alternativ* zur Nachholung der Anhörung könnte man auch das Schreiben des ROI Schlosser vom 4.3.2020 dahingehend interpretieren, dass er Gelegenheit hatte, sich zu den Gegebenheiten und zur angeordneten Maßnahme zu äußern.]

1.3 Form der Versetzung

Bei einer Versetzung zu

- einer anderen obersten Dienstbehörde oder
- zu einem anderen Dienstherrn

muss ein Einvernehmen mit der aufnehmenden Stelle (der dortigen Ernennungsbehörde) vorliegen, § 39 Abs. 1 Satz 3 SächsBG. Da kein Wechsel zu einer derartigen Behörde vorliegt, ist hier kein Einvernehmen zwischen abgebender und aufnehmender Stelle erforderlich.

Schriftform: Nach dem Grundsatz der Vollständigkeit der Personalakte (§ 50 S.2 BeamtStG) ist die Schriftform der Versetzung ratsam und auch hier im vorliegenden Sachverhalt erfolgt.

65 § 39 Abs. 3 SächsBG lautet: Die Ernennungsbehörde oder die nach Absatz 2 zuständige Behörde kann die Zuständigkeit für Versetzungen und Abordnungen innerhalb ihres Geschäftsbereichs durch allgemeine Anordnung auf eine nachgeordnete Behörde übertragen.

§ 50 S.2 BeamtStG
[...] Zur Personalakte gehören alle Unterlagen, die die Beamtin oder den Beamten betreffen, soweit sie mit dem Dienstverhältnis in einem unmittelbaren inneren Zusammenhang stehen (Personalaktendaten). [...]

1.4 Begründung
Nach § 39 Abs. 1 VwVfG muss ein schriftlicher VA ausreichend begründet werden. Laut Sachverhalt ist eine (formelle) Begründung im Schreiben vom 2.3.2020 enthalten.

1.5 Zustimmung
Ein Zustimmungserfordernis nach § 32 Abs. 3 SächsBG liegt hier nicht vor.

1.6 Personalrat
Bei der Personalratsbeteiligung ist zwischen der abgebenden und der aufnehmenden Stelle zu unterscheiden:
Bei der **abgebenden Stelle** ist gem. § 80 Abs. 1 Satz 1 Nr.4 SächsPVG die (eingeschränkte) Zustimmung des Personalrates erforderlich. Diese eingeschränkte Mitbestimmung erfolgt jedoch nur, sofern dies der Beamte beantragt – dies folgt aus § 80 Abs. 1 Satz 2 SächsPersVG. Dadurch, dass die Zustimmung vergessen wurde, ist die Versetzung zwar formell rechtswidrig (§ 44 Abs. 3 Nr.3 VwVfG), aber heilbar nach § 45 Abs. 1 Nr.4 VwVfG.
Bei der **aufnehmenden Stelle** ist die Mitbestimmung ebenso gem. § 80 Abs. 1 Satz 1 Nr.4 SächsPVG erforderlich (Versetzung von einer anderen Dienststelle). Auch hier erfolgt die eingeschränkte Mitbestimmung nur, sofern dies der Beamte beantragt (§ 80 Abs. 1 Satz 2 SächsPersVG. Dadurch, dass diese vergessen wurde, ist die Versetzung zwar formell rechtswidrig (§ 44 Abs. 3 Nr.3 VwVfG), aber heilbar nach § 45 Abs. 1 Nr.4 VwVfG.

2. MATERIELLE Rechtmäßigkeit

2.1 Dienstliches Bedürfnis
Es existiert bei der aufnehmenden Stelle ein Personalengpass, da der dort bisher tätige Kollege langfristig erkrankt ist. Ein dienstliches Bedürfnis liegt vor.

2.2 Einvernehmen
Bei Versetzungen in den Geschäftsbereich einer anderen obersten Dienstbehörde oder zu einem anderen Dienstherrn ist das Einvernehmen mit der dortigen Ernennungsbehörde herzustellen, § 39 Abs. 1 Satz 3 SächsBG. ROI Schlosser bleibt durch einen Wechsel zum Präsidium der Bereitschaftspolizei weiterhin Staatsbeamter (ein Dienstherrnwechsel findet nicht statt). Auch die oberste Dienstbehörde verändert sich nicht (hier: Staatsministerium des Innern).

Ein Einvernehmen ist nicht erforderlich.

2.3 Ermessen
Sachfremde Erwägungen sind nicht ersichtlich.
Die Maßnahme ist geeignet (personelle Unterbesetzung) sowie erforderlich (vorübergehender Wechsel untauglich, da der bisherige Kollege langfristig erkrankt ist). Die Abwägung des dienstlichen Interesses mit dem privaten Interesse des Beamten (Angemessenheit) lässt kein Missverhältnis erkennen. Herr Schlosser ist wohnhaft in Döbeln. Daher ist ihm die Wegstrecke zumutbar. Auch fachlich ist er versiert und eine schnelle Einarbeitung kann gewährleistet werden.

Ergebnis:
Die Versetzung ist zwar formell rechtswidrig (wg. fehlender Anhörung), aber heilbar (§ 45 Abs. 1 Nr.3, Abs. 2 VwVfG).

4.2 Fall 2 – Umsetzung

SACHVERHALT

Der Stadtamtsrat (A12) Karl Gustav leitet aktuell das **Amt für Umweltschutz** der Stadt Leipzig. Zuvor war er fünf Jahre lang Leiter des städtischen Ordnungsamtes. Im Stellenplan der Stadt ist die Leitung des Amts für Umweltschutz in Besoldungsgruppe A 12, die des Ordnungsamtes ebenfalls in Besoldungsgruppe A 12 ausgewiesen. Im Oktober 2020 wurde der jetzige Leiter des Ordnungsamtes, Herr Schulz, ordnungsgemäß – auf eigenen Antrag hin – aus dem Beamtenverhältnis entlassen. Unmittelbar darauf hatte die Stadt die Stelle des Leiters des Ordnungsamtes mehrfach ausgeschrieben, geeignete Bewerbungen waren aber nicht eingegangen. Der Oberbürgermeister hält es angesichts der derzeitigen Pandemie-Lage im Zusammenhang mit dem Corona-Virus für dringend, dieses Amt mit einer geeigneten Führungskraft zu besetzen, auch, weil die Überwachungsmaßnahmen und die Ahndung von Verstößen gegen die Corona-Schutzmaßnahmen nicht unwichtig sind. Momentan kann kein anderer Beamter diese Funktion übernehmen. Daraufhin entschließt sich der Oberbürgermeister zu einer Änderung der Geschäftsverteilung dahingehend, dass Karl Gustav wieder seinen früheren Posten als Leiter des Ordnungsamtes erhalten soll. Der jetzige Stellvertreter des Leiters des Amtes für Umweltschutz, Rainer König, soll zunächst kommissarisch die Leitung übernehmen.

Am 16.11.2020 erhält Karl Gustav durch die Hauspost das entsprechende Schreiben ausgehändigt. Er wendet sich zwei Tage später an die Personalchefin und teilt ihr mit, dass er die Maßnahme für rechtswidrig halte. Erstens sei eine entsprechende Anhörung nicht ergangen. Der Oberbürgermeister, so seine Argumentation, habe in seinem Fall völlig eigenmächtig entschieden. Man habe wohl auch vergessen, den Personalrat zu beteiligen, wie er aus sicherer Quelle wisse.

Aufgabe:
Beurteilen Sie die Rechtmäßigkeit der Maßnahme.

Lösung

Fraglich ist, welche dienstrechtliche Maßnahme vorliegt. Herr Gustav wechselt innerhalb der Stadt Leipzig (also innerhalb der Behörde). Somit scheiden Versetzung und Abordnung aus, da diese einen echten Behördenwechsel erfordern.
*Es kommt hier die **Umsetzung** mit dem folgenden Schema in Betracht:*

Schema zur Prüfung der Rechtmäßigkeit einer Umsetzung

1. FORMELLE Rechtmäßigkeit
1.1 Zuständigkeit
1.2 Anhörung (des Beamten)
1.3 Form (der Umsetzung)
1.4 Personalratsbeteiligung

2. MATERIELLE Rechtmäßigkeit
Ermessensentscheidung der Behörde und Abwägung der dienstlichen Belange mit den privaten Belangen des Beamten

Einleitender Obersatz:
Zu prüfen ist die Rechtmäßigkeit der Umsetzung. Diese Maßnahme hat keine ausdrückliche Rechtsgrundlage, sondern ergibt sich aus dem Recht des Dienstvorgesetzten, die Geschäftsverteilung zu regeln (s. dazu im Fall des Oberbürgermeisters § 53 Abs. 1 SächsGemO).

1. FORMELLE Rechtmäßigkeit

1.1 Zuständigkeit
Der Oberbürgermeister ist Dienstvorgesetzter von Herrn Gustav. Dies ergibt sich aus § 2 Abs. 2 SächsBG und § 53 Abs. 4 SächsGemO. In § 28 Abs. 4 SächsGemO ist die Umsetzung nicht geregelt. Daher ist der Oberbürgermeister für die Anordnung der Umsetzung zuständig.

1.2 Anhörung
Die Umsetzung ist kein VA, greift aber dennoch in die Rechte des Beamten ein. Das Anhörungserfordernis ergibt sich aus der analogen Anwendung des § 28 Abs. 1 VwVfG sowie aus der Fürsorgepflicht des Dienstherrn gegenüber seinem Beamten, § 45 BeamtStG. Problematisch ist, dass die Anhörung von Herrn Gustav unterblieben

ist. Die Umsetzung ist daher formell rechtswidrig, aber durch Nachholung der Anhörung heilbar nach § 45 Abs. 1 Nr.3, Abs. 2 VwVfG.
Andere Meinung und ebenso richtig:
Die Anhörung ist nicht notwendig, da die Umsetzung keinen VA darstellt. [Sicherlich ist die Ansicht, dass hier keine Anhörung notwendig ist, da kein VA vorliegt, klausurtaktisch die bessere Variante, da der Schreibaufwand geringer ist. Für die Praxis und aus Sicht der Transparenz gegenüber den Mitarbeitenden halte ich die analoge Anwendung des § 28 Abs. 1 VwVfG für die geeignete Lösung.]

1.3 Form
Es gibt kein (spezielles) Schriftformerfordernis. Hier wurde ein Schriftstück ausgehändigt.

1.4 Personalratsbeteiligung
§ 80 Abs. 1 Satz 1 Nr.5 SächsPVG: Die Personalvertretung hat eingeschränkt mitzubestimmen bei einer Umsetzung innerhalb der Dienststelle, wenn diese mit einem Wechsel des Dienstortes verbunden ist. Dies ist hier nicht der Fall. Herr Gustav verbleibt am gleichen Ort.
Auch ist § 80 Abs. 1 Satz 1 Nr.3 SächsPVG nicht einschlägig.

2. Materielle Rechtmäßigkeit
Die Umsetzung erfolgt nach pflichtgemäßem Ermessen, § 40 VwVfG.
Sachliche Gründe für eine Umsetzung liegen vor:

- Herr Gustav hat generell kein Recht auf ungeschmälerte Ausübung seines Amtes im konkret-funktionellen Sinne (=Dienstposten). Er muss Änderungen seines dienstlichen Aufgabenbereiches hinnehmen.
- Es stehen keine geeigneten Bewerber/Beamten zur Verfügung. Herr Gustav hat die erforderliche Erfahrung und Fachkenntnis.

Abwägung: Gegenüber den dienstlichen Belangen eines ordnungsgemäßen Gangs der Geschäfte (§ 53 Abs. 1 SächsGemO) müssen die etwaigen privaten Belange von Herrn Gustav zurückstehen.

Ergebnis:
Die Umsetzung ist, sofern man den Punkt zur fehlenden Anhörung wie dargestellt vertritt, zwar formell rechtswidrig, aber heilbar.

4.3 Fall 3 – Abordnung

Theodor Lehmann erlangte durch erfolgreiches Absolvieren des Vorbereitungsdienstes im Jahr 2020 die Befähigung für die Laufbahngruppe 2, 1. Einstiegsebene des allgemeinen Verwaltungsdienstes. Mit Wirkung vom 1.9.2020 wurde er von der Stadt Chemnitz zum Beamten auf Probe ernannt. Nach zwei Wochen im Sachbereich Informations- und Kommunikationstechnik wird er am 19.10.2021 in das Büro des Bürgermeisters gebeten.

Bürgermeister Lievers eröffnet Ihm, dass im Zuge der Pandemie-Entwicklung auch in der Stadt Chemnitz die Digitalisierung der Verwaltung weiter voranschreitet. Um die Kenntnisse auf diesem Gebiet zu erweitern, ist beabsichtigt, dass Theodor Lehmann für sechs Monate zur Stadt Dresden ins dortige Amt für Informationstechnik und Digitalisierung wechselt und dann wieder nach Chemnitz zurückkehrt. Er solle der zukünftige Multiplikator für das Thema Digitalisierung in der Stadtverwaltung Chemnitz werden. Sowohl die für die Ernennungen zuständigen Stellen in Chemnitz als auch in Dresden haben entsprechende – schriftliche – Beschlüsse gefasst. Die entsprechende schriftliche Verfügung wird ihm am 19.10.2021 durch den Bürgermeister ausgehändigt.

Theodor Lehmann ist von dieser Maßnahme sehr überrascht und widerspricht zuerst nicht. Am folgenden Tag geht er nochmals zum ersten Bürgermeister und erklärt: Er habe Zweifel an der Rechtmäßigkeit der Verfügung. Er fühle sich von der Maßnahme übergangen und erwäge daher, ihr nicht zuzustimmen. Zudem hätte man den Personalrat informieren müssen, was nicht geschehen sei. Letztlich verspüre er auch kein Bedürfnis, in Dresden tätig zu sein, denn er fühle sich mit seiner Heimatstadt Chemnitz verwurzelt.

Aufgabe:
Beurteilen Sie die Rechtmäßigkeit der Verfügung.

Lösung

Einleitender Obersatz:
Zu prüfen ist die Rechtmäßigkeit der Maßnahme. Es handelt sich um eine Abordnung, da der Beamte hier –für einen befristeten Zeitraum – die Behörde wechselt.

1. FORMELLE Rechtmäßigkeit

1.1 Zuständigkeit
Gemäß § 39 Abs. 1 Satz 1 SächsBG ordnet die Ernennungsbehörde die Abordnung an. Über die Ernennung von Gemeindebediensteten entscheidet der Gemeinderat im Einvernehmen mit dem Bürgermeister. Kommt es zu keinem Einvernehmen, entscheidet der Gemeinderat mit einer Mehrheit von zwei Dritteln der anwesenden Stimmberechtigten. Dies ergibt sich aus § 10 Abs. 3 SächsBG i. V. m. § 28 Abs. 4 SächsGemO. Laut Sachverhalt ist dieses Verfahren ordnungsgemäß. Die zuständige Behörde hat hier gehandelt.

1.2 Anhörung
Die Anhörung ist gem. § 28 Abs. 1 VwVfG i. V. m. § 39 Abs. 1 Satz 2 SächsBG notwendig. **Problematisch** ist, dass die Anhörung unterblieben ist. Die Abordnung ist

folglich formell rechtswidrig, aber **heilbar** nach § 45 Abs. 1 Nr.3 VwVfG, wenn die Anhörung nachgeholt wird.

1.3 Form der Abordnung

§ 39 Abs. 1 Sätze 3-5 SächsBG: Soweit die Abordnung

- zu einer anderen obersten Dienstbehörde oder
- zu einem **anderen Dienstherrn** erfolgt,

erfolgt dies im Einvernehmen mit der aufnehmenden Stelle. Das Einvernehmen ist schriftlich in der Verfügung zu erklären.
Die Schriftform in Bezug auf die gesamte Abordnung ist geboten und ratsam. Ratsam deshalb, da die Personalakte alle relevanten Daten zum Dienstverhältnis enthalten muss, § 50 S.2 BeamtStG (= *Grundsatz der Vollständigkeit der Personalakte*).
Die Form wurde laut Sachverhalt eingehalten. Die schriftliche Verfügung wurde am 19.10.2021 ausgehändigt.

1.4 Begründung

Gemäß § 39 Abs. 1 VwVfG muss der schriftliche Verwaltungsakt ausreichend begründet werden. In der Verfügung ist eine kurze Begründung enthalten (Einblick in die Informations- und Kommunikationstechniken sowie akt. personeller Engpass).

1.5 Zustimmung

Die Zustimmung des Beamten ist nicht notwendig. Eine unterwertige Tätigkeitsübertragung findet nicht statt (§ 31 Abs. 3 SächsBG). Die Abordnung erfolgt zwar zu einem anderen Dienstherrn (§ 31 Abs. 4 Satz 1 SächsBG), jedoch übersteigt die Abordnung nicht die Dauer von fünf Jahren (§ 31 Abs. 4 Satz 2 SächsBG).

1.6 Personalratsbeteiligung

Abgebende Stelle (Stadt Chemnitz): Gemäß § 80 Abs. 1 Satz 1 Nr.5 SächsPVG hat die Personalvertretung eingeschränkt mitzubestimmen, da die Abordnung mehr als sechs Monate dauern soll und Herr Lehmann dieser nicht zustimmen wird. Das **Problem ist jedoch:** Die Mitbestimmung des Personalrates wurde gänzlich vergessen. Infolgedessen ist die Abordnung formell rechtswidrig (§ 44 Abs. 3 Nr.3 VwVfG analog). Eine **Heilung** dieses Fehlers ist jedoch möglich, indem der Akt der Mitbestimmung nachgeholt wird (§ 45 Abs. 1 Nr.4 VwVfG analog). Die Personalvertretung wird jedoch nur auf Antrag des Beschäftigten beteiligt. Dies folgt aus § 80 Abs. 1 Satz 2 SächsPVG.
Aufnehmende Stelle (Stadt Dresden): Eine eingeschränkte Mitbestimmung ist erforderlich gem. § 80 Abs. 1 Satz 1 Nr. 1 SächsPVG. Es handelt sich hier zwar um keine Einstellung, aber die Wirkung ist ähnlich, denn der Beamte wird in die Betriebsge-

meinschaft aufgenommen. Falls der Mitbestimmungsakt gänzlich nicht erfolgt ist, kommt eine Heilung gem. § 45 Abs. 1 Nr. 4 VwVfG analog in Betracht.

2. MATERIELLE Rechtmäßigkeit

2.1 Dienstlicher Grund (§ 31 Abs. 2 SächsBG)

Die Abordnung soll der Kenntniserweiterung auf dem Gebiet der Informations- und Kommunikationstechnik / Digitalisierung dienen. Ein dienstliches Bedürfnis liegt vor. Auch ist § 61 SächsGemO zu beachten (Notwendigkeit ausreichend qualifizierten Personals).

2.2 Einvernehmen

Gemäß § 39 Abs. 1 Satz 3 SächsBG ordnet die Abordnung die Ernennungsbehörde **im Einvernehmen mit der aufnehmenden Stelle** an, sofern die Abordnung mit einem Dienstherrnwechsel einhergeht. Die aufnehmende Stelle (hier: Stadt Dresden) hat das Einvernehmen erklärt, § 10 Abs. 3 SächsBG i. V. m. § 28 Abs. 4 SächsGemO.

Anmerkung: Der Mitwirkungsakt des aufnehmenden Dienstherrn ist verpflichtend (Personalhoheit, siehe auch § 28 Abs. 4 Satz 1 SächsGemO) und daher Wirksamkeitsvoraussetzung. Falls das Einvernehmen nicht vorliegen sollte, wäre die Abordnung nichtig.

Das Einvernehmen hätte schriftlich erklärt werden müssen, § 39 Abs. 1 Satz 4 SächsBG. In der Verfügung selbst muss ausgedrückt werden, dass das Einvernehmen vorliegt, § 39 Abs. 1 Satz 5 SächsBG. Beides liegt vor. Diese Vorgaben sind jedoch nur als Ordnungsvorschriften zu verstehen. Bei Verstößen führt dies nicht zur Rechtswidrigkeit der Maßnahme.

2.3 Ermessen

Das Ermessen der Stadt Chemnitz wurde pflichtgemäß ausgeübt.

Das dienstliche Interesse am ordnungsgemäßen Dienstbetrieb (Erweiterung der Fachkenntnisse) **überwiegt** das private Interesse des Beamten, in der Heimatgemeinde tätig sein zu wollen.

Ergebnis:

Die Abordnung ist formell rechtswidrig und damit anfechtbar. Die angesprochenen Mängel sind aber heilbar.

Kapitel 4 – Beendigung des Beamtenverhältnisses

Das Beamtenrecht kennt ein differenziertes System von Entlassungsmöglichkeiten. Dabei ist die Entlassung streng von der Versetzung in den Ruhestand zu trennen. Während das Beamtenverhältnis in den Fällen der Entlassung, des Verlustes der Beamtenrechte und der Entfernung aus dem Beamtenverhältnis endet, wird es bei der Versetzung bzw. dem Eintritt in den Ruhestand mit eingeschränkten Verpflichtungen fortgeführt.

Entlassung Verlust der Beamtenrechte Entfernung aus dem Beamtenverhältnis	**Eintritt / Versetzung in den Ruhestand**
Konsequenz: Beendigung des Beamtenverhältnisses	Konsequenz: Fortführung des Beamtenverhältnisses mit eingeschränkten Pflichten

Gemäß § 21 BeamtStG endet das Beamtenverhältnis durch

- **1. Entlassung,**
- **2. Verlust der Beamtenrechte,**
- **3. Entfernung aus dem Beamtenverhältnis nach den Disziplinargesetzen (in Sachsen: SächsDG) oder**
- **4. Eintritt oder Versetzung in den Ruhestand.**

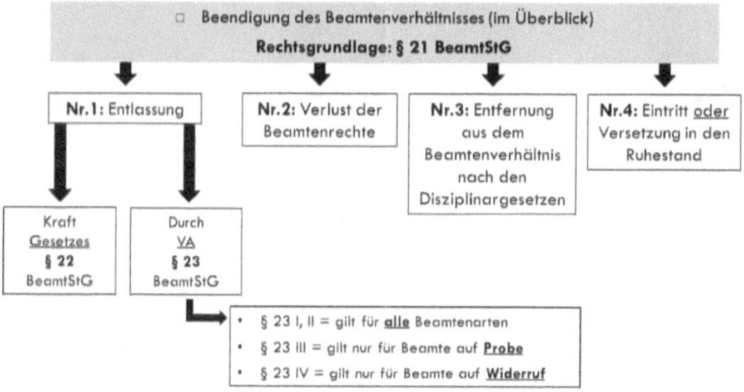

Exkurs:

Eintritt in den Ruhestand – Fortgeltung bestimmter Beamtenpflichten
Der Eintritt in den Ruhestand ist der Normalfall. Das aktive Beamtenverhältnis verwandelt sich in ein Ruhestandsverhältnis, zu erkennen an der Amtsbezeichnung mit dem Zusatz a. D. = außer Dienst. Ruhestandsbeamte sind berechtigt, die letzte Amtsbezeichnung mit dem Zusatz a. D. zu führen, Art. 76 Abs. § 85 SächsBG.
Fraglich ist, ob der Beamte im Ruhestandsverhältnis noch gegen Pflichten verstoßen kann?
Antwort: Ja, bestimmte Pflichten und Rechte wirken fort.
Zum Beispiel:

- die Treuepflicht,
- die Wohlverhaltenspflicht,
- die Pflicht zur Amtsverschwiegenheit,
- die Genehmigungspflicht für die Annahme von Geschenken,
- das Recht auf Führung der letzten Amtsbezeichnung mit dem Zusatz „außer Dienst",
- das Recht auf Einsicht in die Personalakten.

1. Entlassung kraft Gesetzes (§ 22 BeamtStG)

Entlassung kraft Gesetzes (§ 22 BeamtStG)	
Formelle Aspekte	**Materielle** Aspekte
Verfahren und Zuständigkeit geregelt in § 40 SächsBG	Entlassungsgründe – § 22 BeamtStG

1.1 Formelle Aspekte

Das Verfahren ist in § 40 Abs. 4 SächsBG geregelt.

Auszug Gesetzestext (mit Hervorhebungen durch den Verfasser)
§ 40 SächsBG
Entlassung kraft Gesetzes
[...]
(4) Die Stelle, die für die **Ernennung zuständig** wäre oder, wenn der Ministerpräsident für die Ernennung zuständig wäre, die **oberste Dienstbehörde**, entscheidet darüber, ob die Voraussetzungen von § 22 Absatz 1 bis 4 des Beamtenstatusgesetzes vorliegen, und stellt den Tag der Beendigung des Beamtenverhältnisses fest. Soll für einen Staatsbeamten nach § 22 Abs. 2 Satz 1 des Beamtenstatusgesetzes die Fortdauer des Beamtenverhältnisses angeordnet werden, ist zusätzlich das Einvernehmen mit dem Staatsministerium des Innern und dem Staatsministerium der Finanzen herbeizuführen.

GRUNDSATZ:

- Zuständig ist die Ernennungsbehörde (§ 40 Abs. 4 SächsBG 1 i.V.m. § 10 Abs. 2, Abs. 3 SächsBG)
- § 10 Abs. 2 SächsBG (Staatsbeamte): Oberste Dienstbehörde

1.2 Materielle Aspekte

ENTLASSUNGSGRUND 1

§ 22 Abs. 1 Nr. 1: Verlust der entsprechenden Staatsangehörigkeit

Bezugnahme zu § 7 Abs. 1 Nr. 1 a-c BeamtStG
(1) In das Beamtenverhältnis darf nur berufen werden, wer
1. Deutsche oder Deutscher im Sinne des Artikels 116 Absatz 1 des Grundgesetzes ist oder die Staatsangehörigkeit
a) eines anderen Mitgliedstaates der Europäischen Union oder
b) eines anderen Vertragsstaates des Abkommens über den Europäischen Wirtschaftsraum[66] oder
c) eines Drittstaates[67], dem die Bundesrepublik Deutschland und die Europäische Union vertraglich einen entsprechenden Anspruch auf Anerkennung von Berufsqualifikationen eingeräumt haben, besitzt,

ENTLASSUNGSGRUND 2

§ 22 Abs. 1 Nr. 2: Erreichen der Altersgrenze + kein Eintritt in den Ruhestand

- Altersgrenze (§ 46 Abs. 1 SächsBG): Grds. 67 Lebensjahr
- Kein Eintritt in den Ruhestand, weil fünfjährige Wartezeit nicht erfüllt (§ 32 BeamtStG, § 5 Abs. 1 Satz 1 Nr. 1 SächsBeamtVG)
- ggf. relevant für Beamte auf Zeit

Die fünfjährige Wartezeit ist in § 5 Abs. 1 Satz 1 Nr. 1 SächsBeamtVG geregelt:

§ 5 Abs. 1 Satz 1 Nr. 1 SächsBeamtVG (Entstehen und Berechnung des Ruhegehalts)
(1) Ein Ruhegehalt wird nur gewährt, wenn die Beamten
1. eine Dienstzeit von mindestens fünf Jahren abgeleistet haben oder
2. infolge Krankheit, Verwundung oder sonstiger Beschädigung, die sie sich ohne grobes Verschulden bei Ausübung oder aus Veranlassung des Dienstes zugezogen haben (Dienstbeschädigung), dienstunfähig geworden sind.
Die Dienstzeit wird vom Zeitpunkt der ersten Berufung in das Beamtenverhältnis ab gerechnet und nur berücksichtigt, sofern sie ruhegehaltfähig ist; § 4 Absatz 1 und § 7 Absatz 5 sind

---

66 Norwegen, Island, Liechtenstein

67 Schweiz

insoweit nicht anzuwenden. Zeiten, die kraft gesetzlicher Vorschrift als ruhegehaltfähig gelten oder nach § 10 als ruhegehaltfähige Dienstzeit berücksichtigt werden, sind einzurechnen; Satz 2 Halbsatz 2 gilt entsprechend. Satz 3 gilt nicht für Zeiten, die die Beamten vor dem 3. Oktober 1990 in dem in Artikel 3 des Einigungsvertrages genannten Gebiet zurückgelegt haben.

ENTLASSUNGSGRUND 3

§ 22 Abs. 2:

Begründung eines öffentlich-rechtlichen Dienst- oder Amtsverhältnisses **zu anderen Dienstherrn** (oder Einrichtung ohne Dienstherrneigenschaft)

Beispiel: Der Regierungsinspektor-Anwärter Huber (Angehöriger der Landesdirektion Sachsen) wird durch die Bundespolizei zum Polizeikommissar-Anwärter ernannt.
→ Hier: Wechsel vom Bund zum Land.

Auszug Gesetzestext
§ 22 BeamtStG
[...]
(2) Die Beamtin oder der Beamte ist entlassen, wenn ein öffentlich-rechtliches Dienst- oder Amtsverhältnis zu einem anderen Dienstherrn oder zu einer Einrichtung ohne Dienstherrneigenschaft begründet wird, sofern nicht im Einvernehmen mit dem neuen Dienstherrn oder der Einrichtung die Fortdauer des Beamtenverhältnisses neben dem neuen Dienst- oder Amtsverhältnis angeordnet oder durch Landesrecht etwas anderes bestimmt wird. Dies gilt nicht für den Eintritt in ein Beamtenverhältnis auf Widerruf oder als Ehrenbeamtin oder Ehrenbeamter.

Ausnahmen davon sind möglich, siehe § 22 Abs. 2 Satz 1 BeamtStG (*... sofern nicht ...*)

§ 40 Abs. 2 SächsBG – Fortsetzung des Beamtenverhältnisses

[...]
(2) Die Begründung eines befristeten öffentlich-rechtlichen Dienst- oder Amtsverhältnisses zu einer supranationalen, zwischenstaatlichen oder internationalen Einrichtung ohne Dienstherrneigenschaft führt abweichend von § 22 Abs. 2 des Beamtenstatusgesetzes nicht zu einer Entlassung des Beamten.

Gemäß § 22 Abs. 2 Satz 2 BeamtStG gilt dies (Fortsetzung des Beamtenverhältnisses) nicht für Widerrufs- und Ehrenbeamte.

ENTLASSUNGSGRUND 4

22 Abs. 3:

Berufung in ein Beamtenverhältnis auf Zeit beim selben Dienstherrn

- Beispiel: Beamter der Stadt Leipzig wird zum ersten Bürgermeister (der Stadt Leipzig) gewählt

ENTLASSUNGSGRUND 5

§ 22 Abs. 4:

Das Beamtenverhältnis auf Widerruf endet mit Ablauf des Tages der Ablegung oder dem endgültigen Nichtbestehen der für die Laufbahn vorgeschriebenen Prüfung, sofern durch Landesrecht nichts anderes bestimmt ist.

Beispiel: Der Regierungsinspektor-Anwärter Ungut wird nach dem endgültigen Bestehen der vorgeschriebenen Laufbahnprüfung entlassen.

Die entsprechende Landesvorschrift in ist § 40 Abs. 1 SächsBG:
(1) Abweichend von § 22 Abs. 4 des Beamtenstatusgesetzes ist der Beamte auf Widerruf mit Ablauf des Tages aus dem Beamtenverhältnis entlassen, an dem ihm

1. das Bestehen oder endgültige Nichtbestehen der Prüfung oder
2. das endgültige Nichtbestehen einer vorgeschriebenen Zwischenprüfung schriftlich bekannt gegeben wird.

2. Entlassung durch Verwaltungsakt (§ 23 BeamtStG)

Entlassung durch VA (§ 23 BeamtStG)	
Formelle Rechtmäßigkeit • Zuständigkeit – § 42 SächsBG • Form – § 44 SächsBG • Anhörung – § 28 VwVfG • Frist (§ 43 SächsBG, aber nur in bestimmten Fällen) • Personalratsbeteiligung	**Materielle** Rechtmäßigkeit (Entlassungsgründe) • Diverse Entlassungsgründe gemäß § 23 BeamtStG

2.1 Formelle Rechtmäßigkeit

1.1 Zuständigkeit:
§ 42 SächsBG → grundsätzlich Ernennungsbehörde (§ 10 Abs. 2, Abs. 3 SächsBG)

§ 42 SächsBG
Soweit durch Rechtsvorschrift nichts anderes bestimmt ist, wird die Entlassung von der Stelle ausgesprochen, die für die Ernennung des Beamten zuständig wäre.

1.2 Form:
Rechtsgestaltender VA
→ Muss begründet werden
→ Verfügung ist zuzustellen (ergibt sich aus § 44 SächsBG)

> **§ 44 SächsBG**
> (1) Soweit gesetzlich oder in der Entlassungsverfügung nichts anderes bestimmt ist, wird die Entlassung mit dem Ende des Monats wirksam, der auf den Monat folgt, in dem die Entlassungsverfügung dem Beamten zugestellt wird.
>
> (2) Im Falle von § 23 Absatz 1 Satz 1 Nummer 1 des Beamtenstatusgesetzes wird die Entlassung mit der Zustellung der Entlassungsverfügung wirksam.

1.3 Anhörung:
belastender VA → Anhörung notwendig nach § 28 Abs. 1 VwVfG

1.4 Frist:
Siehe § 43 SächsBG
→ Nur bei bestimmten Entlassungen nach
  - § 23 Abs. 1 Nr. 3 (dauernde Dienstunfähigkeit + Versetzung in den Ruhestand nicht möglich)
  - § 23 Abs. 3 (= Probebeamte) sowie
- § 23 Abs. 4 (=Widerrufsbeamte) BeamtStG zu beachten

→ Die Entlassungsfrist beträgt bei einer Beschäftigungszeit:
1. von bis zu drei Monaten zwei Wochen zum Monatsende,
2. von mehr als drei Monaten einen Monat zum Monatsende und
3. von mindestens einem Jahr sechs Wochen zum Ende des Kalendervierteljahres.

> **§ 43 SächsBG**
>
> (1) Bei der Entlassung nach § 23 Abs. 1 Satz 1 Nr. 3 des Beamtenstatusgesetzes sowie bei der Entlassung des Beamten auf Probe (§ 23 Abs. 3 des Beamtenstatusgesetzes) und des Beamten auf Widerruf (§ 23 Abs. 4 des Beamtenstatusgesetzes) beträgt die Entlassungsfrist bei einer Beschäftigungszeit
> 1. von bis zu drei Monaten zwei Wochen zum Monatsende,
> 2. von mehr als drei Monaten einen Monat zum Monatsende und
> 3. von mindestens einem Jahr sechs Wochen zum Ende des Kalendervierteljahres.

(2) Als Beschäftigungszeit gilt die Zeit ununterbrochener entgeltlicher Tätigkeit bei demselben Dienstherrn oder bei dem Verwaltungsträger, dessen Aufgaben der Dienstherr übernommen hat.
(3) Im Falle von § 23 Absatz 3 Satz 1 Nummer 1 des Beamtenstatusgesetzes können Beamte auf Probe und Beamte auf Widerruf ohne Einhaltung einer Frist entlassen werden. Vor der Entlassung ist der Sachverhalt aufzuklären; die §§ 21 bis 30 des Sächsischen Disziplinargesetzes gelten entsprechend.

(4) In den Fällen von § 23 Absatz 3 Satz 1 Nummer 3 des Beamtenstatusgesetzes ist die Entlassung nur innerhalb einer Frist von sechs Monaten seit der Auflösung oder Umbildung der Behörde zulässig.

1.5 Personalrat:
§ 80 Abs. 1 Satz 1 Nr. 13 SächsPVG
→ bei Entlassungen von Probe- und Widerrufsbeamten eingeschränkte Mitbestimmung, soweit diese die Entlassung nicht selbst beantragt haben

Wichtig: Gemäß § 80 Abs. 1 Satz 2 SächsPVG wird der Personalrat **nur auf Antrag** des Beamten beteiligt.

2.2 Materielle Rechtmäßigkeit

Einschlägige Rechtsgrundlage gem. § 23 BeamtStG prüfen:

Tatbestände, die für **alle** Beamten gelten!

§ 23 Abs. 1 Satz 1 Nr. 1 BeamtStG:
Verweigerung Diensteid / Gelöbnis (§ 38 BeamtStG; § 63 SächsBG)
Wird der vorgeschriebene Diensteid verweigert, ist darüber eine Niederschrift aufzunehmen; diese ist zu den Personalakten zu nehmen. Die Eidesverweigerung ist ein zwingender Entlassungsgrund nach § 23 Abs. 1 Nr. 1 des BeamtStG. Die Entlassung tritt mit der Zustellung der Entlassungsverfügung ein (§ 44 Abs. 2 SächsBG). Dem Beamten ist bis zur Entlassung die Führung der Dienstgeschäfte zu verbieten (§ 39 BeamtStG).[68]

§ 63 SächsBG
(1) Der Beamte hat folgenden Diensteid zu leisten: „Ich schwöre, dass ich mein Amt nach bestem Wissen und Können führen, Verfassung und Recht achten und verteidigen und Gerechtigkeit gegenüber allen üben werde."

68 Weiterführend dazu: VwV Beamtenverhältnis V.

(2) Der Eid kann auch mit der Beteuerung „So wahr mir Gott helfe" geleistet werden.
(3) In den Fällen von § 38 Absatz 2 des Beamtenstatusgesetzes hat der Beamte anstelle der Worte „ich schwöre" die Worte „ich gelobe" zu sprechen.
(4) In den Fällen von § 38 Absatz 3 des Beamtenstatusgesetzes kann der Beamte anstelle des Eides folgendes Gelöbnis leisten: „Ich gelobe, meine Amtspflichten gewissenhaft zu erfüllen."

§ 23 Abs. 1 Satz 1 Nr. 2 BeamtStG:
Wenn die Ruhestandsversetzung an der fehlenden Wartezeit von 5 Jahren scheitert (§ 32 BeamtStG, § 5 Abs. 1 Satz 1 Nr. 1 SächsBeamtVG)

- Beispiel: Ein *nicht dauernd dienstunfähiger* Beamter kann nicht in den Ruhestand versetzt werden, weil die 5-jährige Wartezeit nicht erfüllt ist.
- Entlassungstatbestand ggf. relevant für Beamte auf Zeit

§ 23 Abs. 1 Satz 1 Nr. 3 BeamtStG:
Wenn dauernde Dienstunfähigkeit (§ 26 Abs. 1 Satz 1 BeamtStG) vorliegt + eine Versetzung in den Ruhestand dennoch nicht möglich ist, z. B. wegen fehlender Wartezeit (§ 32 BeamtStG, § 5 Abs. 1 Satz 1 Nr. 1 SächsBeamtVG).

MERKE
Über dauernde Dienstunfähigkeit entscheidet der Amtsarzt!

§ 26 BeamtStG (Auszug)
(1) Beamtinnen auf Lebenszeit und Beamte auf Lebenszeit sind in den Ruhestand zu versetzen, wenn sie wegen ihres körperlichen Zustands oder aus gesundheitlichen Gründen zur Erfüllung ihrer Dienstpflichten dauernd unfähig (dienstunfähig) sind. Als dienstunfähig kann auch angesehen werden, wer infolge Erkrankung innerhalb eines Zeitraums von sechs Monaten mehr als drei Monate keinen Dienst getan hat und keine Aussicht besteht, dass innerhalb einer Frist, deren Bestimmung dem Landesrecht vorbehalten bleibt, die Dienstfähigkeit wieder voll hergestellt ist. In den Ruhestand wird nicht versetzt, wer anderweitig verwendbar ist. Für Gruppen von Beamtinnen und Beamten können besondere Voraussetzungen für die Dienstunfähigkeit durch Landesrecht geregelt werden.
[...]

Begriff der Dienstunfähigkeit:[69]
Beamte sind dienstunfähig, wenn sie wegen ihres körperlichen Zustandes oder aus gesundheitlichen Gründen zur Erfüllung der Dienstpflichten ihres abstrakt-funktionellen Amtes dauernd unfähig sind (§ 26 Abs. 1 Satz 1 BeamtStG). Als dienstunfähig kann auch angesehen werden, wer infolge Erkrankung innerhalb von einem Zeitraum von sechs Monaten mehr als drei Monate keinen Dienst getan hat und keine Aussicht be-

69 Entnommen aus VwV Beamtenverhältnis, VII, 2.

steht, dass die Dienstfähigkeit innerhalb von sechs Monaten wieder voll hergestellt ist (§ 26 Abs. 1 Satz 2 BeamtStG, § 49 SächsBG).

Vorrang von Präventionsmaßnahmen:[70]
Der Dienstvorgesetzte hat im Vorfeld und rechtzeitig die in der Aufrechterhaltung ihrer Dienstfähigkeit gefährdeten Beamten sowie etwaige Ursachen, die zu einer vorzeitigen Ruhestandsversetzung wegen Dienstunfähigkeit führen können, zu ermitteln und präventive Gegenmaßnahmen zu ergreifen. Als Präventionsmaßnahmen kommen u. a. in Betracht:

- Mitarbeitergespräche
- Motivationsmaßnahmen
- medizinisch notwendige Kurmaßnahmen
- Anti-Stressprogramme
- psychologische Hilfeleistungen
- Umschulungen, Fortbildungen, Weiterbildungen

Probebeamte können weiterhin nur unter den Voraussetzungen der §§ 28, 32 BeamtStG in den Ruhestand versetzt werden.

- Ggf. Weiterbeschäftigung möglich (§ 26 Abs. 1 Satz 3, § 26 Abs. 2, Abs. 3 BeamtStG)
- Entlassungsfristen beachten (§ 43 Abs. 3 SächsBG)

§ 28 BeamtStG
(1) Beamtinnen auf Probe und Beamte auf Probe sind in den Ruhestand zu versetzen, wenn sie infolge Krankheit, Verwundung oder sonstiger Beschädigung, die sie sich ohne grobes Verschulden bei Ausübung oder aus Veranlassung des Dienstes zugezogen haben, dienstunfähig geworden sind.
(2) Beamtinnen auf Probe und Beamte auf Probe können in den Ruhestand versetzt werden, wenn sie aus anderen Gründen dienstunfähig geworden sind.
(3) § 26 Abs. 1 Satz 3, Abs. 2 und 3 sowie § 27 sind entsprechend anzuwenden.

§ 23 Abs. 1 Sat 2 Nr. 4 BeamtStG:
Entlassung auf eigenen Antrag → Einzelheiten regelt § 41 SächsBG

- Rechtsanspruch des Beamten (§ 41 Abs. 2 Satz 1 SächsBG)
- Hinausschieben um max. drei Monate möglich (§ 41 Abs. 2 Satz 2 SächsBG)

Beispiel: Der Regierungsinspektor-Anwärter Müller stellt nach drei Monaten fest, dass das Studium in Meißen doch nichts für ihn ist. Er stellt auf dem Dienstweg einen Antrag auf Entlassung.

70 Entnommen aus VwV Beamtenverhältnis, VII, 1.

§ 41 SächsBG
(1) Das Verlangen auf Entlassung muss der Stelle, die für die Ernennung des Beamten zuständig wäre (Entlassungsbehörde), erklärt werden. Die Erklärung kann, solange die Entlassungsverfügung dem Beamten noch nicht zugegangen ist, innerhalb von zwei Wochen nach dortigem Zugang, mit Zustimmung der Entlassungsbehörde auch nach Ablauf dieser Frist, zurückgenommen werden.
(2) Die Entlassung ist von der Entlassungsbehörde nach Möglichkeit auf den beantragten Zeitpunkt auszusprechen. Sie kann aus dringenden dienstlichen Gründen um längstens drei Monate hinausgeschoben werden.

§ 23 Abs. 1 Satz 1 Nr. 5 BeamtStG:
Berufung nach dem Erreichen der Altersgrenze (§ 46 Abs. 1 SächsBG, 67 J.)

- So gut wie keine prakt. Bedeutung
- Überlagerung durch § 7 SächsBG (Altersgrenze 42 J. für die Berufung)
- Allenfalls Bedeutung für Beamte auf Zeit

§ 23 Abs. 2 BeamtStG:
Verlust der Eigenschaft als Deutscher in den Fällen des § 7 Abs. 2 BeamtStG

- § 23 Abs. 2 ist lex specialis zu § 22 Abs 1 Nr. 1 BeamtStG (Verlust der entsprechenden Staatsangehörigkeit) und hat deshalb Vorrang in gleichgelagerten Fällen

(Kleiner) Exkurs zur Staatsangehörigkeit
Die deutsche Staatsangehörigkeit geht z. B. automatisch per Gesetz verloren, wenn jemand auf Antrag eine ausländische Staatsangehörigkeit annimmt (z. B. durch Einbürgerung), es sei denn, er hat zuvor eine schriftliche Genehmigung der zuständigen deutschen Behörde erhalten, die ihm die Beibehaltung der deutschen Staatsangehörigkeit erlaubt.

Tatbestände, die **nur für Probebeamte** gelten!

§ 23 Abs. 3 Satz 1 Nr. 1 BeamtStG:
Bei einer Handlung, die bei einem Beamten auf Lebenszeit als Disziplinarmaßnahme mindestens eine Kürzung der Dienstbezüge (§ 5 Abs. 1 Nr. 3, § 8 SächsDG) zur Folge hätte (= recht gravierende Pflichtverletzung!)
Beispiele:

- Trennungsgeldbetrug,
- öffentliches Sporttreiben während attestierter Arbeitsunfähigkeit,
- außerdienstliche Trunkenheitsfahrt mit 2,7 Promille

Die Disziplinarmaßnahmen gegen (aktive) Beamtinnen und Beamte sind in § 5 SächsDG nach der Schwere bzw. der Intensität geordnet. Im Absatz 2 sind die Disziplinarmaßnahmen gegen Ruhestandsbeamte und Ruhestandsbeamtinnen geregelt. Möglich ist hier nur die Kürzung oder die Aberkennung des Ruhegehaltes.

§ 5 SächsDG

(1) Disziplinarmaßnahmen gegen Beamte sind:

1. Verweis,
2. Geldbuße,
3. Kürzung der Dienstbezüge,
4. Zurückstufung und
5. Entfernung aus dem Beamtenverhältnis.

(2) Disziplinarmaßnahmen gegen Ruhestandsbeamte sind:

1. Kürzung des Ruhegehaltes und
2. Aberkennung des Ruhegehaltes.

(3) Bei Ehrenbeamten sind nur Verweis, Geldbuße, Kürzung einer Aufwandsentschädigung und Entfernung aus dem Dienst möglich.

(4) Beamten auf Probe und Beamten auf Widerruf können nur Verweise erteilt und Geldbußen auferlegt werden. Für die Entlassung von Beamten auf Probe und Beamten auf Widerruf wegen eines Dienstvergehens gelten § 23 Abs. 3 Satz 1 Nr. 1 und Abs. 4 BeamtStG sowie § 43 Abs. 3 Satz 1 SächsBG entsprechend.

§ 23 Abs. 3 Satz 1 Nr. 2 BeamtStG:

Bei Nichtbewährung in der Probezeit (§§ 9, 10 BeamtStG)

→ also Mängel der Eignung / Befähigung / fachlichen Leistung

Definition:

Mangelnde Bewährung liegt vor, wenn **erhebliche** Zweifel bestehen, dass die Übernahme in das Beamtenverhältnis auf Lebenszeit gegenüber der Allgemeinheit nicht zu verantworten wäre.

Beispiel:

Dem Probebeamten und Steuersekretär Jotter, eingesetzt beim Finanzamt in Chemnitz, gelingt es innerhalb der Probezeit nicht, die Mindestanforderungen hinsichtlich der Abarbeitung von Fällen zu erreichen. Er muss daher dauerhaft von anderen Kolleginnen und Kollegen unterstützt werden. Die Einsprüche von Bürgerinnen und Bürgern häufen sich. Mehrere Gespräche mit dem Vorgesetzten und dem Amtsleiter, um die Probleme abzustellen, verlaufen erfolglos.

MERKE
Bei Dienstunfähigkeit wegen lediglich mangelnder gesundheitlicher Eignung ist § 23 Abs. 1 Satz 1 Nr. 3 lex specialis gegenüber § 23 Abs. 3 Satz 1 Nr. 2 BeamtStG.

Tatbestände, die **nur für Widerrufsbeamte** gelten!

§ 23 Abs. 4 BeamtStG:
Beamte auf Widerruf können jederzeit entlassen werden.
Beispiele:

- Anklicken des „Gefällt mir"-Buttons – einer fremdenfeindlichen Facebook-Seite durch einen Beamten auf Widerruf → Folge: **Entlassung**
- Ein Beamter auf Widerruf, der in einem Chatroom seines Ausbildungskurses an der Fachhochschule rassistische und menschenverachtende Bilder und Wortbeiträge weiterleitet, ist für den Polizeivollzugsdienst charakterlich ungeeignet und darf aus dem Vorbereitungsdienst **entlassen** werden.
- Ein Beamter auf Widerruf stellt sich vor das Fenster einer Unterkunftswohnung und fertigt Bilder einer Auszubildenden. Diese zog sich gerade um. Danach verbreitet er das Bild in den sozialen Netzwerken. Straftat gem. § 201a StGB (Verletzung des höchstpersönlichen Lebensbereiches durch Bildaufnahmen) Folge → **Entlassung**

Ermessen (§ 40 VwVfG):
Nur bei den folgenden Entlassungstatbeständen anzusprechen bei

- § 23 Abs. 2 BeamtStG (... *können entlassen werden* ...)
- § 23 Abs. 3 BeamtStG = Entlassung von Probebeamten (... *können entlassen werden* ...)
- § 23 Abs. 4 BeamtStG = Entlassung von Widerrufsbeamten (... *können entlassen werden* ...)

3. Verlust der Beamtenrechte (§ 24 BeamtStG)

In bestimmten Fällen tritt der Verlust der Beamtenrechte ein, wenn ein Urteil eines deutschen Gerichts Rechtskraft erlangt hat. Der Beamte ist dann kraft Gesetzes entlassen, wenn er wegen einer vorsätzlichen Straftat (auch auf Bewährung) zu einer Freiheitsstrafe von mindestens einem Jahr verurteilt wird.
Beispiele:

- Verurteilung eines Beamten wegen Steuerhinterziehung zu einer Freiheitsstrafe von 13 Monaten

- Verurteilung eines Beamten wegen Körperverletzung im Amt zu einer Freiheitsstrafe von zwei Jahren auf Bewährung

Bei einer Verurteilung wegen mehrerer Taten muss sich aus dem Strafurteil ergeben, dass für eine Vorsatztat eine Strafe von mindestens einem Jahr verhängt wurde[71]. Bei staatsgefährdenden Delikten[72] reicht nach § 24 Abs. 1I Nr. 2 BeamtStG schon eine Freiheitsstrafe von sechs Monaten aus (auch auf Bewährung). Ein Strafbefehl reicht dagegen für § 24 Abs. 1 Nr. 1 BeamtStG nicht aus. Ein Strafbefehl ist kein Urteil, auch wenn er nach § 410 Abs. 3 StPO einem Urteil gleich steht. Der Unterschied besteht vor allem darin, dass bei einem Strafbefehl keine gerichtliche Aufklärung der Straftat erfolgt, sondern von der Richtigkeit der Angaben der Staatsanwaltschaft ausgegangen wird.

4. Entfernung aus dem Beamtenverhältnis (§ 10 SächsDG)

Voraussetzung für die schärfste Disziplinarmaßnahme ist, dass sich der Beamte durch das Fehlverhalten für den öffentlichen Dienst **untragbar gemacht hat.** Die Entfernung erfolgt durch Disziplinarklage, § 34 Abs. 1 SächsDG.[73]
Beispiele:

- Telefonische Bedrohung und Tyrannisieren des Vorgesetzten und dessen Ehefrau
- Vier Monate Arbeit in einem Privatunternehmen trotz Arbeitsunfähigkeitsbescheinigung
- Kollegendiebstahl
- Entnahme von Verwarnungsgeldern i. H. v. 1.200 EUR aus der Verwarnungsgeldkasse für eigene Zwecke

Die Entfernung aus dem Beamtenverhältnis setzt voraus, dass sich der Beamte durch sein Fehlverhalten für den öffentlichen Dienst **untragbar** gemacht hat und dass auch ein Rest von Vertrauen in die künftige ordnungsgemäße Aufgabenerfüllung nicht besteht. Diese Maßnahme ist somit nur für schwerste Dienstvergehen anwendbar. Die Entscheidung ergeht durch die Disziplinarkammer des Verwaltungsgerichtes im Rahmen des gerichtlichen Disziplinarverfahrens durch Urteil.

---

71 BVerwG NJW 1990, 1865; 1.7.2003 – 2 WD 34.02 – NVwZ-RR 2004,765

72 Denkbare Straftaten: Verwenden von Kennzeichen verfassungswidriger Organisation (§ 86 a StGB), Volksverhetzung (§ 130 StGB), Bestechlichkeit (§ 332 StGB)

73 Ebenso die Zurückstufung, die Aberkennung des Ruhegehaltes

> ***Entfernung aus dem Beamtenverhältnis bei Leugnung der Existenz der Bundesrepublik Deutschland (Pressemitteilung Bundesverwaltungsgericht Nr. 78/2021 vom 2.12.2021)***[74]
>
> *Ein Beamter, der die Existenz der Bundesrepublik Deutschland dadurch leugnet, dass er in einem Antrag auf Erteilung eines Staatsangehörigkeitsausweises durchgehend "Königreich Bayern" statt "Bundesrepublik Deutschland" angibt, verletzt in schwerwiegender Weise seine Verfassungstreuepflicht und kann deshalb im Disziplinarwege aus dem Beamtenverhältnis entfernt werden.*

Mit der Entfernung aus dem Beamtenverhältnis endet das Dienstverhältnis. Der Beamte verliert außerdem den Anspruch auf Dienstbezüge und Versorgung sowie die Befugnis, die Amtsbezeichnung und die im Zusammenhang mit dem Amt verliehenen Titel zu führen und die Dienstkleidung zu tragen. → Siehe dazu auch § 10 Abs. 1SächsDG

Die Entfernung ist nur gegen Beamte auf Lebenszeit möglich, nicht jedoch gegen Beamte auf Widerruf (BaW) und Beamte auf Probe (BaP). Den BaW und BaP können insoweit *nur* Verweis und Geldbuße im behördlichen Disziplinarverfahren auferlegt werden. Dies ergibt sich aus § 5 Abs. 4 SächsDG.

5. Eintritt oder Versetzung in den Ruhestand

Einstweiliger Ruhestand

Die relevanten Rechtsgrundlagen sind:

- §§ 30, 31 BeamtstG und §§ 57-59 SächsBG

> **§ 30 BeamtStG (Einstweiliger Ruhestand)**
> (1) Beamtinnen auf Lebenszeit und Beamte auf Lebenszeit können jederzeit in den einstweiligen Ruhestand versetzt werden, wenn sie ein Amt bekleiden, bei dessen Ausübung sie in fortdauernder Übereinstimmung mit den grundsätzlichen politischen Ansichten und Zielen der Regierung stehen müssen. Die Bestimmung der Ämter nach Satz 1 ist dem Landesrec ht vorbehalten.
> (2) Beamtinnen und Beamte, die auf Probe ernannt sind und ein Amt im Sinne des Absatzes 1 bekleiden, können jederzeit entlassen werden.
> (3) Für den einstweiligen Ruhestand gelten die Vorschriften über den Ruhestand. § 29 Abs. 2 und 6 gilt entsprechend. Der einstweilige Ruhestand endet bei erneuter Berufung in das Beamtenverhältnis auf Lebenszeit auch bei einem anderen Dienstherrn, wenn den Beamtinnen oderBeamten ein Amt verliehen wird, das derselben oder einer gleichwertigen Laufbahn angehört wie das frühere Amt und mit mindestens demselben Grundgehalt verbunden ist.

---

74 Abrufbar unter: https://www.bverwg.de/pm/2021/78 (zuletzt abgerufen am 10.12.2021)

(4) Erreichen Beamtinnen und Beamte, die in den einstweiligen Ruhestand versetzt sind, die gesetzliche Altersgrenze, gelten sie mit diesem Zeitpunkt als dauernd in den Ruhestand versetzt.

Bei § 30 BeamtStG geht es um sog. politische Beamte. Relevant wird dies u. a. bei Änderung der politischen Mehrheitsverhältnisse. In Sachsen sind diese Ämter in § 57 SächsBG genannt:

- Staatssekretäre
- Präsidenten der Landesdirektion Sachsen
- Regierungssprechers
- Direktor beim Sächsischen Landtag

Im Bundesbeamtenrecht findet sich z. B. auch eine detaillierte Aufzählung der politischen Beamten in § 54 BBG.

§ § 54 BBG (Einstweiliger Ruhestand)

(1) Die Bundespräsidentin oder der Bundespräsident kann jederzeit die nachfolgend genannten politischen Beamtinnen und politischen Beamten in den einstweiligen Ruhestand versetzen, wenn sie Beamtinnen auf Lebenszeit oder Beamte auf Lebenszeit sind:

1. Staatssekretärinnen und Staatssekretäre sowie Ministerialdirektorinnen und Ministerialdirektoren,
2. sonstige Beamtinnen und Beamte des höheren Dienstes im Auswärtigen Dienst von der Besoldungsgruppe B 3 an aufwärts sowie Botschafterinnen und Botschafter in der Besoldungsgruppe A 16,
3. Beamtinnen und Beamte des höheren Dienstes des Militärischen Abschirmdienstes, des Bundesamtes für Verfassungsschutz und des Bundesnachrichtendienstes von der Besoldungsgruppe B 6 an aufwärts,
4. die Chefin oder den Chef des Presse- und Informationsamtes der Bundesregierung, deren oder dessen Stellvertretung und die Stellvertretende Sprecherin oder den Stellvertretenden Sprecher der Bundesregierung,
5. die Generalbundesanwältin oder den Generalbundesanwalt beim Bundesgerichtshof,
6. (weggefallen)
7. die Präsidentin oder den Präsidenten des Bundeskriminalamtes,
8. die Präsidentin oder den Präsidenten des Bundespolizeipräsidiums,
9. die Präsidentin oder den Präsidenten des Bundesamtes für das Personalmanagement der Bundeswehr,
10. die Präsidentin oder den Präsidenten des Bundesamtes für Ausrüstung, Informationstechnik und Nutzung der Bundeswehr,

11. die Präsidentin oder den Präsidenten des Bundesamtes für Infrastruktur, Umweltschutz und Dienstleistungen der Bundeswehr und
12. die Präsidentin oder den Präsidenten der Generalzolldirektion.

(2) Gesetzliche Vorschriften, nach denen andere politische Beamtinnen und politische Beamte in den einstweiligen Ruhestand versetzt werden können, bleiben unberührt.

Dauernder Ruhestand

Die relevanten Rechtsgrundlagen sind die §§ 25-29 BeamtStG und §§ 46 ff. SächsBG.

- **§ 25 BeamtStG**: Beamte auf Lebenszeit treten nach Erreichen der Altersgrenze in den Ruhestand
- **§ 26 BeamtStG**: Dienstunfähigkeit von Beamten auf Lebenszeit
- **§ 28 BeamtStG**: Ruhestand bei Beamten auf Probe

FORMELLE Voraussetzungen:

- Zuständigkeit

→ Grds. Ernennungsbehörde (§ 55 Abs. 1 SächsBG, § 10 Abs. 2, Abs. 3 SächsBG)

- Personalrat

→ Eingeschränkte Mitbestimmung nur in bestimmten Fällen (z. B. § 80 Abs. 1 Satz 1 Nr. 7 SächsPVG)

MATERIELLE Voraussetzungen:

Widerrufsbeamte	Probebeamte	Lebenszeitbeamte
KEIN Ruhestand möglich	**§ 28 Abs. 1 BeamtStG (ist):** Dienstunfähigkeit aufgrund eines Dienstunfalls	**§ 25 BeamtStG: Altersgrenze** § 48 SächsBG = Antragsaltersgrenze
	§ 28 Abs. 2 BeamtStG (kann): Sonstige Gründe, aber § 32 BeamtStG muss erfüllt sein	**§ 26 BeamtStG** = Dienstunfähigkeit

Erwähnenswert ist, dass es für die **Beamten auf Widerruf** keine Ruhestandsregelung gibt. Kommt es bei diesen Beamten zur Dienstunfähigkeit aus dienstlichen Gründen, käme ggf. noch die Gewährung eines sog. *Unterhaltsbeitrages* gem. § 41 SächsBeamtVG in Betracht.

Kapitel 5 – Pflichten der Beamten

1. Einleitung

In diesem Kapitel werden die einzelnen Pflichten der Beamten kurz und prägnant vorgestellt.

Das besondere öffentlich-rechtliche Dienst- und Treueverhältnis zwischen Dienstherrn und Beamten i. S. d. § 3 BeamtStG begründet für die Beamten eine Reihe von besonderen Rechten und Pflichten. Die Pflichten der Beamten konkretisieren ihrerseits das **Dienst- und Treueverhältnis.**Die Pflichten stellen sozusagen den „Arbeitsvertrag" der Beamten dar. Sie haben aber auch die Funktion, einen Idealzustand der Amtsführung eines Beamten darzustellen. Sie sollen die Beamten dazu anhalten, ihr Amt pflichtgemäß zu führen.

Diese besonderen Rechte und Pflichten dienen dazu, demokratisch getroffene Entscheidungen des Gesetzgebers umzusetzen, die Qualität staatlicher Leistungen zu sichern und die Arbeitsfähigkeit der öffentlichen Verwaltung zu erhalten.[75]

Bestehen Zweifel, ob eine bestimmte Pflicht für den Beamten besteht, so hat dieser sich rechtzeitig bei seinem Dienstherrn zu erkundigen, ob eine solche besteht. Eine bloße Diskussion im Kreis der Kollegen genügt nicht.[76] Es gibt aber auch Pflichten, beispielsweise die Fürsorgepflicht i. S. d. § 45 BeamtStG, die nur für Beamte in speziellen Funktionen, z. B. einer Führungsfunktion, Geltungskraft erlangen.

2. Grundpflichten (§ 33 BeamtStG)

2.1 Allgemeines

§ 33 BeamtStG regelt die Grundpflichten der Beamten. Diese Norm enthält die grundlegenden Pflichten der Beamten gegenüber der Bundesrepublik Deutschland, dem Dienstherrn und der in Deutschland lebenden Bevölkerung.

---

75 https://www.bmi.bund.de/DE/themen/oeffentlicher-dienst/beamtinnen-und-beamte/beamtenrecht-allgemein/beamtenrecht-allgemein-node.html, zuletzt abgerufen am 21.42019

76 BVerwG, Urt. vom 22.6.2006 – 2 C 11.05 –

> **§ 33 BeamtStG (Grundpflichten)**
> (1) Beamtinnen und Beamte dienen dem ganzen Volk, nicht einer Partei. Sie haben ihre Aufgaben unparteiisch und gerecht zu erfüllen und ihr Amt zum Wohl der Allgemeinheit zu führen. Beamtinnen und Beamte müssen sich durch ihr gesamtes Verhalten zu der freiheitlichen demokratischen Grundordnung im Sinne des Grundgesetzes bekennen und für deren Erhaltung eintreten.
> (2) Beamtinnen und Beamte haben bei politischer Betätigung diejenige Mäßigung und Zurückhaltung zu wahren, die sich aus ihrer Stellung gegenüber der Allgemeinheit und aus der Rücksicht auf die Pflichten ihres Amtes ergeben.

> **Art. 33 GG**
> [...]
> (4) Die Ausübung hoheitsrechtlicher Befugnisse ist als ständige Aufgabe in der Regel Angehörigen des öffentlichen Dienstes zu übertragen, die in einem öffentlich-rechtlichen Dienst- und Treueverhältnis stehen.
> [...]

Das öffentlich-rechtliche Dienst- und Treueverhältnis ist in § 3 BeamtStG übernommen worden.

> **§ 3 BeamtStG (Beamtenverhältnis)**
> Beamtinnen und Beamte stehen zu ihrem Dienstherrn in einem öffentlich-rechtlichen Dienst- und Treueverhältnis (Beamtenverhältnis).

2.2 Gemeinwohlverpflichtung und Neutralitätsgebot (§ 33 Abs. 1 Satz 1 und 2 BeamtStG)

Der Beamte ist verpflichtet, zum Wohle aller zu Handeln. Die sog. Gemeinwohlverpflichtung i. S. d. § 33 Abs. 1 Satz 1 und 2 BeamtStG, auch *Amtsethos* des Berufsbeamtentums genannt[77], fordert von den Beamten, dass deren Handlungen nicht nur einzelnen Personen oder Gruppen dienen. Vielmehr handelt der Beamte in einem demokratischen Rechtsstaat zum Wohle der gesamten Bevölkerung. So impliziert diese Norm, dass die Beamten dienstliche und private Interessen nicht miteinander verknüpfen dürfen. Durch eine unparteiliche und sachliche Amtsführung kann das Berufsbeamtentum für einen Ausgleich der gesellschaftlichen Kräfte sorgen.

Wirkungsrichtungen des Neutralitätsgebotes:

Dabei wirkt das Neutralitätsgebot grundsätzlich zweifach. **Zum einem** gilt das Neutralitätsgebot gegenüber dem Dienstherrn und innerhalb der Verwaltung. D. h., unabhängig

---

77 *Battis*, Bundesbeamtengesetz, § 60, Rn. 5

von der derzeit politischen Führung haben die Beamten ihr Amt mit der nötigen Neutralität und Sachlichkeit auszuüben. **Zum anderen** wirkt sich das Neutralitätsgebot gegenüber Bürgern und Gesellschaft aus. Die Beamten haben ihr Amt auch nach außen hin neutral wahrzunehmen, d. h. unabhängig von der Zugehörigkeit zu einer Gruppe, Religion, Geschlecht oder Herkunft des Bürgers oder gesellschaftlicher Gruppen.[78]

2.3 Unparteiische und gerechte Amtsführung (§ 33 Abs. 1 Satz 2 BeamtStG)

Durch eine unparteiische und gerechte Amtsführung dient der Beamte dem Ziel der Verwirklichung des Gemeinwohls. Was als unparteiisch und gerecht angesehen wird, wird durch das geltende Recht bestimmt. Der Beamte soll frei von selbstsüchtigen Motiven und ohne Verpflichtung einer bestimmten Gruppe gegenüber handeln.[79]

> *Beispiel: Ein Mitarbeiter des Bauamtes bietet den Bauherren eines Einfamilienhauses an, bei Erteilung der Baugenehmigung nicht genau hinzuschauen. Im Gegenzug dafür erhält er von den Bauherren 500 Euro.*

Daher hat die Ausübung des Amtes stets werte- und interessensbezogen i. S. d. Grundgesetzes zu erfolgen.[80]

> *[...] [E]ine Befangenheit des Amtsträgers [ist] gegeben, wenn ein Grund vorliegt, der geeignet ist, Misstrauen gegen eine unparteiliche Amtsausübung des Amtsträgers zu rechtfertigen. Diese Voraussetzung ist zu bejahen, wenn auf Grund objektiv feststellbarer Tatsachen für die Beteiligten des Verfahrens nach den Gesamtumständen die subjektiv vernünftigerweise mögliche Besorgnis nicht auszuschließen ist, ein bestimmter Amtsträger werde in der Sache nicht unparteiisch, unvoreingenommen oder unbefangen entscheiden.*[81]

Stellt der Beamte fest, dass er in einem Verfahren befangen ist, so steht ihm die Möglichkeit zu, dies gegenüber dem Dienstherrn anzuzeigen und sich von seinen Pflichten entbinden zu lassen. Dies gilt insbesondere, wenn sich Handlungen gegen den Beamten selbst oder gegen Familienangehörige richten (vgl. § 66 SächsBG).

2.4 Belehrungs- und Betreuungspflicht (§ 33 Abs. 1 Satz 2 BeamtStG)

Der Beamte ist gegenüber dem Bürger verpflichtet, diesen bei rechtserheblichem Handeln zu beraten und zu betreuen. Dies entspricht dem Grundsatz der bürgernahen

---

78 BVerfG, Beschl. vom 27.6.2017 – 2 BvR 1333 / 17 –, Rn. 51

79 *Battis*, Bundesbeamtengesetz, § 60, Rn. 10

80 *Wagner/ Leppek*, Beamtenrecht, § 14, Rn. 169

81 NdsOVG, Urt. vom 10.11.2009 – 6 LD 1 / 09 –, Rn. 94

Verwaltung. Eine schuldhafte Nichterfüllung dieser Pflicht kann Ansprüche im Rahmen der Amtshaftung auslösen.[82]

2.5 Verfassungstreuepflicht (§ 33 Abs. I Satz 3 BeamtStG)

Die Verfassungstreuepflicht ist Kern der Beamtenpflichten. Der Beamte muss sich zur freiheitlich demokratischen Grundordnung bekennen und für diese einstehen.

Gesetzestext (Auszug)

Gesetz über die Zusammenarbeit des Bundes und der Länder in Angelegenheiten des Verfassungsschutzes und über das Bundesamt für Verfassungsschutz (Bundesverfassungsschutzgesetz – BVerfSchG)

§ 4 Begriffsbestimmungen

[...]

(2) Zur freiheitlichen demokratischen Grundordnung im Sinne dieses Gesetzes zählen:
a) das Recht des Volkes, die Staatsgewalt in Wahlen und Abstimmungen und durch besondere Organe der Gesetzgebung, der vollziehenden Gewalt und der Rechtsprechung auszuüben und die Volksvertretung in allgemeiner, unmittelbarer, freier, gleicher und geheimer Wahl zu wählen,
b) die Bindung der Gesetzgebung an die verfassungsmäßige Ordnung und die Bindung der vollziehenden Gewalt und der Rechtsprechung an Gesetz und Recht,
c) das Recht auf Bildung und Ausübung einer parlamentarischen Opposition,
d) die Ablösbarkeit der Regierung und ihre Verantwortlichkeit gegenüber der Volksvertretung,
e) die Unabhängigkeit der Gerichte,
f) der Ausschluß jeder Gewalt- und Willkürherrschaft und
g) die im Grundgesetz konkretisierten Menschenrechte.

Diese Verfassungstreuepflicht gilt sowohl im innerdienstlichen als auch im außerdienstlichen Verhältnis. Ein rein kühles oder distanziertes Lippenbekenntnis zu der freiheitlich demokratischen Grundordnung genügt den Anforderungen des Berufsbeamtentums nicht. Mit anderen Worten:

> *Die politische Treuepflicht – Staats- und Verfassungstreue – fordert mehr als nur eine formale korrekte, im übrigen uninteressierte, kühle, innerlich distanzierte Haltung gegenüber Staat und Verfassung; sie fordert vom Beamten insbesondere, daß er sich eindeutig von Gruppen und Bestrebungen distanziert, die diesen Staat, seine verfassungsmäßigen Organe und die geltende Verfassungsordnung angreifen, bekämpfen und*

82 *Battis*, Bundesbeamtengesetz, § 60, Rn. 12

diffamieren. Vom Beamten wird erwartet, daß er diesen Staat und seine Verfassung als einen hohen positiven Wert erkennt und anerkennt, für den einzutreten sich lohnt.[83]

Im Rahmen einer streitbaren Demokratie bedeutet dies natürlich nicht, dass der Beamte sich dem jeweiligen politischen Mainstream unterordnen muss. Jedoch sind Ansichten und Meinungen, die der freiheitlich demokratischen Grundordnung zuwiderlaufen, mit dem Berufsbeamtentum nicht vereinbar.

Beispiel: Wenn Polizeivollzugsbeamte Schreiben mit sog. Reichsbürger-Ideologie, in denen u. a. die Existenz der Bundesrepublik und die Gültigkeit des Grundgesetzes negiert werden, an eine Behörde versenden, kann ungeachtet der Motivation und inneren Einstellung der Beamten deren Entfernung aus dem Beamtenverhältnis zulässig sein.[84]

Die Pflicht zur Verfassungstreue soll garantieren, dass in Krisenzeiten und bei Loyalitätskonflikten die Beamten den Staat verteidigen und für diesen eintreten.[85]
So genügt für einen Verstoß gegen diese Pflicht schon, wenn der Beamte den Anschein erweckt, dass er mit Strömungen sympathisiert, die auf die Beseitigung der freiheitlich demokratischen Grundordnung gerichtet sind.[86] Für einen Verstoß gegen diese Pflicht genügt das „bloße" Tragen einer Tätowierung mit einem mit der freiheitlich demokratischen Grundordnung nicht vereinbaren Inhalt.[87]

2.6 Mäßigungs- und Zurückhaltungspflicht (§ 33 Abs. 2 BeamtStG)

Beamten haben wie alle in der Bundesrepublik Deutschland lebenden Menschen das Recht auf Meinungsäußerung gem. Art. 5 Abs. 1 GG. Dieses Grundrecht findet jedoch seine Schranken in Art. 5 Abs. 2 GG, wonach Gesetze die Meinungsäußerungsfreiheit beschränken können. § 33 BeamtStG konkretisiert dies für die Beamten der Länder und Kommunen.

Durch die Beschränkung der Meinungsäußerungsfreiheit der Beamten soll ein ungestörter Dienstbetrieb und das Vertrauen der Bevölkerung in eine neutrale Amtsführung gewährleistet werden.

Abgeleitet wird die Mäßigungs- und Zurückhaltungspflicht aus der Pflicht zur unparteiischen und gerechten Amtsführung § 33 Abs. 1 Satz 2 BeamtStG. Während der Ausübung seines Amtes hat der Beamte sich politisch neutral zu verhalten. Außerhalb

83 BVerfGE, 39, 334, Beschl. vom 22.5.1975 – 2 BvL 13/73 –, Rn. 38
84 OVG LSA, Urt. vom 15.3.2018 – 10 L 9/17 –, Leitsatz
85 *Wagner/ Leppek*, Beamtenrecht, § 14, Rn. 168
86 BVerwG, Beschl. vom 7.9-2015 – 2 B 56.14 –, Rn. 5 und OVG Bln-Bg, Urt. vom 1.1.2014 – 81 D 2.12 –, Rn. 33
87 BVerwG, Urt. vom 17.11.2017 – 2 C 25.17, 2 –. Leitsatz

des Dienstes soll der Beamte während einer politischen Betätigung die **nötige Mäßigung und Zurückhaltung** zeigen, um einen ungestörten Dienstbetrieb und das Vertrauen der Öffentlichkeit auf eine neutrale Amtsführung zu gewährleisten.

Innerhalb des Dienstes hat sich der Beamte grundsätzlich jedweder politischen Betätigung zu enthalten.

Im Gegenzug steht dem Beamten als Privatperson grundsätzlich uneingeschränkt die Berufung auf Art. 5 Abs. 1 Satz 1 GG zu. Die Meinungsäußerungsfreiheit des Beamten als Privatmann unterliegt jedoch Einschränkungen, die sich aus dem besonderen Charakter des Beamtenverhältnisses sowie den spezifischen beamtenrechtlichen Dienstpflichten ergeben. Im Einzelfall ist das Grundrecht auf Meinungsäußerungsfreiheit gegen die Mäßigungspflicht abzuwägen. Dabei kann die Meinungsäußerung auch mit Blick auf die gewählte Form und den Inhalt Einschränkungen unterliegen. Ein Minimalkonsens muss jedoch immer hinsichtlich des Bekenntnisses zur freiheitlich demokratischen Grundordnung bestehen.[88]

Funktionen der Mäßigungs- und Zurückhaltungspflicht

Dennoch ist es dem Beamten auch innerhalb des Dienstes im Gespräch mit seinen Kollegen nicht untersagt, kritische Aussagen gegenüber der Politik der Regierung oder anderen Organen des Dienstherrn zu äußern. Dabei darf der Beamte aber nicht den Eindruck erwecken, dass er illoyal gegenüber seinem Dienstherrn ist und die nötige Neutralität bei seiner Amtsführung vermissen lässt.[89]

88 Weiterführend dazu: Wissenschaftliche Dienste, Deutscher Bundestag, Sachstand, Mäßigungsgebot für Bedienstete im öffentlichen Dienst, – WD 6 – 3000 – 045 / 19 –

89 BVerwG, Urt. vom 31.8.2017 – 2 A 6.15 –, 1. und 2. Leitsatz

Beispiel: Ein Beamter hat das Porträt des Bundespräsidenten in der Teeküche mehrfach entfernt, weil dieser mit der Haltung des Bundespräsidenten zum Islam nicht einverstanden war. Zunächst legte der Beamte das Porträt einfach in der Teeküche ab und später verbrachte dieser das Porträt in die Asservatenkammer der Dienststelle. Der Beamte hat hier gegen die Pflicht zur Mäßigung und Zurückhaltung […] verstoßen, da er die notwendige Zurückhaltung, die sich aus seiner Stellung gegenüber der Allgemeinheit und aus der Rücksicht auf die Pflichten der Beamten ergeben, missachtet hat.[90]

3. Wahrnehmung der Aufgaben und Verhalten gem. § 34 BeamtStG

3.1 Allgemeines

§ 34 BeamtStG stellt einen der umfangreichsten Regelungskomplexe der Beamtenpflichten dar und regelt das grundsätzliche Verhalten des Beamten.

§ 34 BeamtStG (Wahrnehmung der Aufgaben, Verhalten und Erscheinungsbild)

(1) Beamtinnen und Beamte haben sich mit vollem persönlichem Einsatz ihrem Beruf zu widmen. Sie haben die übertragenen Aufgaben uneigennützig nach bestem Gewissen wahrzunehmen. Ihr Verhalten innerhalb und außerhalb des Dienstes muss der Achtung und dem Vertrauen gerecht werden, die ihr Beruf erfordern.
(2) Beamtinnen und Beamte haben bei der Ausübung des Dienstes oder bei einer Tätigkeit mit unmittelbarem Dienstbezug auch hinsichtlich ihres Erscheinungsbilds Rücksicht auf das ihrem Amt entgegengebrachte Vertrauen zu nehmen. Insbesondere das Tragen von bestimmten Kleidungsstücken, Schmuck, Symbolen und Tätowierungen im sichtbaren Bereich sowie die Art der Haar- und Barttracht können eingeschränkt oder untersagt werden, soweit die Funktionsfähigkeit der Verwaltung oder die Pflicht zum achtungs- und vertrauenswürdigen Verhalten dies erfordert. Das ist insbesondere dann der Fall, wenn Merkmale des Erscheinungsbilds nach Satz 2 durch ihre über das übliche Maß hinausgehende besonders individualisierende Art geeignet sind, die amtliche Funktion der Beamtin oder des Beamten in den Hintergrund zu drängen. Religiös oder weltanschaulich konnotierte Merkmale des Erscheinungsbilds nach Satz 2 können nur dann eingeschränkt oder untersagt werden, wenn sie objektiv geeignet sind, das Vertrauen in die neutrale Amtsführung der Beamtin oder des Beamten zu beeinträchtigen. Die Einzelheiten nach den Sätzen 2 bis 4 können durch Landesrecht bestimmt werden. Die Verhüllung des Gesichts bei der Ausübung des Dienstes oder bei einer Tätigkeit mit unmittelbarem Dienstbezug ist stets unzulässig, es sei denn, dienstliche oder gesundheitliche Gründe erfordern dies.

Im Zusammenhang mit anderen Normen ergeben sich eine Vielzahl von Pflichten aus § 34 BeamtStG.

---

90 BVerwG, Urt. vom 31.8.2017 – 2 A 6.15 –, Rn. 37-39

3.2 Pflicht zum vollen persönlichen Einsatz (§ 34 Abs. 1 Satz 1 BeamtStG)

Einerseits soll durch die Begrifflichkeit **„voller persönlicher Einsatz“** die Eigenverantwortlichkeit des Beamten betont werden. Andererseits soll dadurch verdeutlicht werden, dass der Beamte mit Eintritt in das Beamtenverhältnis seine durch die Verfassung geschützte Rechtsstellung behält, jedoch durch das Dienst- und Treueverhältnis Einschränkungen auferlegt werden.[91]

Dienstleistungspflicht

Dienstleistungspflicht und daraus resultierende Pflichten:
Beamte haben ihren Dienst mit *voller Hingabe* zu leisten. Diese Grundpflicht stammt schon aus den hergebrachten Grundsätzen des Berufsbeamtentums und wird in § 34 Abs. 1 Satz 1 BeamtStG von dem Gesetzgeber deklaratorisch aufgenommen.

> *Die Verpflichtung, sich mit vollem persönlichem Einsatz dem Beruf zu widmen, ist aber nicht nur auf den Dienstposten bezogen. Berufspflichten gehen vielmehr über die konkret übertragenen Dienstaufgaben hinaus und werden auch in anderen Rechtsgebieten umfassend verstanden.*[92]

91 BT-Drs. 16/7076, S. 115
92 VG Ansbach, Urt. vom 18.7.2016 – AN 13b D 16.00620 –

Der Wortlaut „mit vollem persönlichem Einsatz“ bedeutet nicht, dass der Beamte ständig im Dienst ist. Im Dienst wird aber von jedem Beamten erwartet, dass er seine Aufgaben bestmöglich im Rahmen seiner eigenen Leistungsfähigkeit wahrnimmt.[93] Die Konkretisierungen der Dienstleistungspflicht sind:

- **Regelung der Arbeitszeit, Mehrarbeit gem. § 95 SächsBG**
- **Kein unerlaubtes Fernbleiben vom Dienst gem. § 71 SächsBG**

Voraussetzung für ein unerlaubtes Fernbleiben vom Dienst ist, dass der Beamte verpflichtet ist, bestimmte Dienstobliegenheiten zu erfüllen. Diese müssen dabei zu bestimmten angeordneten Dienststunden und/ oder an bestimmten Orten erfüllt werden.[94] Unerlaubtes Fernbleiben vom Dienst setzt voraus, dass der Beamte nicht zum Dienst erscheint, obwohl er dienstfähig ist.[95]

§ 71 SächsBG (Fernbleiben vom Dienst)

(1) Der Beamte darf dem Dienst nicht ohne Genehmigung seines Dienstvorgesetzten fernbleiben, es sei denn, dass er wegen Krankheit oder aus sonstigen Gründen unfähig oder aufgrund einer vorgehenden gesetzlichen Verpflichtung gehindert ist, seine Dienstpflichten zu erfüllen. Der Beamte hat seinen Dienstvorgesetzten unverzüglich über seine Verhinderung zu unterrichten. Der Dienstvorgesetzte kann für bestimmte Fälle kurzfristigen Fernbleibens einen Vorgesetzten zur Genehmigung ermächtigen.

(2) Dauert die Dienstunfähigkeit infolge Krankheit länger als drei Kalendertage, hat der Beamte spätestens an dem darauffolgenden allgemeinen Arbeitstag ein ärztliches Zeugnis vorzulegen, auf Verlangen des Dienstvorgesetzten auch früher. Der Dienstvorgesetzte kann die Untersuchung durch einen Amtsarzt, Polizeiarzt oder einem sonstigen vom Dienstvorgesetzten bestimmten Arzt anordnen; die Kosten für diese Untersuchung trägt die Behörde.

(3) Verliert der Beamte wegen ungenehmigten schuldhaften Fernbleibens vom Dienst nach § 14 des Sächsischen Besoldungsgesetzes seine Besoldung, verliert er auch sonstige Leistungen des Dienstherrn für die Zeit seines Fernbleibens. Eine disziplinarrechtliche Verfolgung wird dadurch nicht ausgeschlossen. Die Feststellung und Mitteilung des Verlusts der Besoldung und der sonstigen Leistungen erfolgt durch den Dienstvorgesetzten. [...]

---

93 *Battis*, Bundesbeamtengesetz, § 61, Rn. 3

94 *Battis*, Bundesbeamtengesetz, § 96, Rn. 5

95 BVerwG, Urt. vom 25.1.2007 – 2 A 3.05 –, Rn. 33

Ein unerlaubtes Fernbleiben vom Dienst hat regelmäßig zur Folge, dass der Beamte seine Besoldungsansprüche für diesen Zeitraum verliert und bei dauerhaftem oder wiederholtem Fernbleiben vom Dienst aus dem Beamtenverhältnis entfernt werden kann.[96]

> *Das Gebot, überhaupt zum Dienst zu erscheinen, ist, wie der Senat in ständiger Rechtsprechung betont, Grundpflicht eines jeden Beamten. Ohne die Dienstleistung ihrer Mitarbeiter wäre die Verwaltung nicht imstande, die ihr gegenüber der Allgemeinheit obliegenden Aufgaben zu erfüllen. Deshalb kann einem Beamten, der ohne triftigen Grund nicht zum vorgeschriebenen Dienst kommt, nicht mehr das Vertrauen entgegengebracht werden, das für eine gedeihliche Zusammenarbeit unerläßlich [sic!] ist. Verweigert er den Dienst für einen längeren Zeitraum oder auch nur wiederholt tageweise, so ergibt sich die Notwendigkeit, das Beamtenverhältnis einseitig zu lösen, regelmäßig schon aus der Dauer der Dienstverweigerung selbst sowie aus dem Umstand, daß das Erfordernis der Dienstleistung und damit die Bedeutung ihrer Erfüllung im Interesse ordnungsgemäßen Funktionierens des öffentlichen Dienstes geboten und für jedermann leicht erkennbar ist. Setzt sich ein Beamter über diese Erkenntnis hinweg, dann offenbart er ein so hohes Maß an Verantwortungslosigkeit, Pflichtvergessenheit und Mangel an Einsicht in die Notwendigkeit einer geordneten Verwaltung, daß [sic!] in aller Regel die Dienstentfernung die Folge sein muß [sic!] […].*[97]

In der Regel wird die Entfernung aus dem Beamtenverhältnis als Disziplinarmaßnahme angestrebt, wenn der Beamte ununterbrochenen vier Monate oder länger unentschuldigt vom Dienst fernbleibt.[98]

- **Pflicht, berufsbedingte Gefahren auf sich zu nehmen gem. § 34 Abs. 1 Satz 1 BeamtStG**

Beamte, insbesondere Polizeivollzugsbeamte und Beamte der Feuerwehr, haben die Pflicht, berufsbedingte Gefahren auf sich zu nehmen. Polizeivollzugsbeamte haben eine besondere Garantenstellung gegenüber dem Bürger inne und sind daher verpflichtet, sich bestimmten Gefahren zu stellen.Sie sind nicht nur entsprechend ausgebildet, sondern auch hinreichend logistisch ausgestattet, um auch gefährliche Situationen bestehen zu können.

96 BVerwG, Urt. vom 25.1.2007 – 2 A 3.05 –, Rn. 42-46

97 BVerwG, Urteil vom 7.11.1990 – 1 D 33.90 –, Rn. 31

98 BVerwG, Urt. vom 6.5.2003 – 1 D 26.02 –

Nur, wenn die Erfüllung der Pflichten den absolut sicheren Tod des Beamten bedeuten würde, ist er nicht zum Handeln verpflichtet.

- **Streikverbot gem. § 34 Abs. 1 Satz 1 BeamtStG**

Das Streikverbot für Beamte ist ein integraler Bestandteil des deutschen Beamtentums. Das Streikverbot für Beamte ist ein eigenständiger hergebrachter Grundsatz des Berufsbeamtentums[99] und sichert die Handlungsfähigkeit der Verwaltung.

Zudem ist das Streikverbot unabdingbar mit dem Alimentationsprinzip verbunden. Mit Eintritt in das Berufsbeamtentum verpflichtet sich der Beamte, seine Arbeitskraft für den Dienstherrn aufzubringen. Dafür versorgt der Dienstherr den Beamten und dessen Familie entsprechend seinem Dienstrang.[100]

Weiterhin ergibt sich schon aus der Treuepflicht der Beamten das Verbot, Arbeitskämpfe innerhalb der Dienstzeit zu führen, denn der Beamte soll bei der Erfüllung seiner Pflichten eigene Interessen zurückstellen. Ein Arbeitskampf lässt sich mit diesem Prinzip nicht vereinbaren. Davon unberührt bleibt aber, dass Beamte auch ein Recht haben, sich zu organisieren (Art. 9 Abs. 3 GG) und außerhalb der Dienstzeit auf ihre Belange aufmerksam zu machen.[101]

3.3 Gesunderhaltungspflicht (§ 34 Abs. 1 Satz 1 BeamtStG)

Die Pflicht zur Gesunderhaltung dient dazu, dass der Beamte sich derart körperlich und geistig gesund hält, dass er den vollen persönlichen Einsatz bei der Erfüllung seiner dienstlichen Tätigkeit erbringen kann.

Die Pflicht zur Gesunderhaltung ist immer dann verletzt, wenn das Verhalten eines erkrankten Beamten geeignet ist, seine Genesung zu verhindern oder zu verzögern. Das Verhalten des Beamten darf der Wiederherstellung seiner Dienstfähigkeit nach allgemeiner Lebenserfahrung nicht abträglich sein.[102]

So gehört zur Gesunderhaltungspflicht, dass der Beamte durch einen Arzt verordnete Therapie und Medikamente durchführt und einnimmt, die dessen Genesungsvorgang zuträglich sind. Die Nichtteilnahme an solch einer Therapie oder die Verweigerung der Einnahme der Medikamente kann einen Pflichtverstoß darstellen.[103]

Beispiel: Eine Beamtin ist aufgrund einer psychischen Erkrankung derzeit nicht dienstfähig. Mit Hilfe einer Therapie soll die Beamtin wieder innendienstfähig wer-

99 BVerfG, Urt. vom 12.6.2018 – 2 BvR 1738 / 12 –, Rn. 147

100 BVerfG, Urt. vom 12.6.2018 – 2 BvR 1738 / 12 –, Rn. 151

101 BVerfG, Urt. vom 12.6.2018 – 2 BvR 1738 / 12 –, Rn. 150

102 BVerwG, Urt. vom 27.6.2013 – 2 A 2.12 –, 2. Leitsatz

103 BayVGH, Urt. vom 14.10.2015 – 16a D 14.351 –, (redaktioneller) Leitsatz

den. Kommt sie der Therapie nicht nach, da sie an deren Wirksamkeit zweifelt, stellt dies einen Pflichtverstoß dar. Der BayVGH bestätigte die Angemessenheit der Disziplinarmaßnahme, hier: Kürzung des Ruhegehaltes um 1/20 auf die Dauer von zwei Jahren.[104]

Übt der Beamte eine (private) Nebentätigkeit aus und kann aufgrund einer Krankheit seinen Dienst nicht ausüben, so stellt die Ausübung der Nebentätigkeit während der Krankheitsphase ebenfalls einen Verstoß gegen die Gesunderhaltung dar.[105]

Beispiel: Ein Beamter hat vor dem Eintreten in den Staatsdienst eine Lehre zum Kfz-Mechaniker absolviert. Die Eltern des Beamten betreiben weiterhin eine Kfz-Werkstatt. Während der Beamte über längere Zeit krankgeschrieben ist, übernimmt und führt dieser die Kfz-Werkstatt der Eltern.[106]

3.4 Pflicht zur Uneigennützigkeit (§ 34 Abs. 1 Satz 2 BeamtStG)

Beamte sind verpflichtet, ihr Amt uneigennützig zu führen. Aus der Amtsführung sollen sich für die Beamten keine persönlichen Vorteile ergeben.

Die Verwaltung [ist] auf die Ehrlichkeit und Redlichkeit der Beamten angewiesen. Dies gelte umso mehr, als eine umfassende und lückenlose Kontrolle der Beihilfebeamten für den Dienstherrn nicht möglich sei. Im Regelfall zerstöre ein Beamter, der seine Verwaltung betrügerisch schädige, das in seine Redlichkeit gesetzte Vertrauen des Dienstherrn.[107]

Die Pflicht zur Uneigennützigkeit sorgt dafür, dass die Beamten ihr Amt ohne Einfluss Dritter wahrnehmen und der Staat neutral bleibt.

Beispiel: Ein Polizeivollzugsbeamter betreibt nebenberuflich ein Gewerbe, um gestohlene Fahrzeuge aus Polen wiederzubeschaffen. Hierzu nutzt er unter anderem dienstliche Informationssysteme.[108]

Die Pflicht zur Uneigennützigkeit ist eng mit der Gemeinwohlverpflichtung und dem Neutralitätsgebot gem. § 33 BeamtStG verwoben.

---

104 BayVGH, Urt. vom 14.10.2015 – 16a D 14.351 –

105 BVerwG, Urt. vom 1.6.1999 – 1 D 49.97 –, Leitsatz

106 BVerwG, Urt. vom 1.61999 – 1 D 49.97 –

107 VG Regensburg, Urt. vom 19.7.2013 – 10 A DK 12.1626 –

108 BVerwG, Urt. vom 29.10.2013 – 1 D 1.12 –

3.5 Pflicht zum achtungs- und vertrauenswürdigem Verhalten (§ 34 Abs. 1 Satz 3 BeamtStG)

Die Pflicht zu achtungs- und vertrauenswürdigem Verhalten stellt eine **Generalklausel** der Beamtenpflichten der Beamten dar. Das Verhalten des Beamten muss innerhalb und außerhalb des Dienstes der Achtung und dem Vertrauen, das das Amt erfordert, gerecht werden.

Von dem Beamten wird ein Verhalten verlangt, welches die Gebote der Sitte, Ehre und Anstand gebieten.[109]

Inner- und außerdienstliche Pflicht zu achtungs- und vertrauenswürdigem Verhalten

Pflicht zu achtungs- und vertrauenswürdigem Verhalten gem. § 34 Abs. 1 Satz 3 BeamtStG[110]	
innerdienstlich	**außerdienstlich**
Grundlage für allgemeine Anforderungen an das dienstliche Verhalten des Beamten	Der Beamte handelt als Privatperson, jedoch stehen seine Handlungen im Zusammenhang mit seinem Amt. (sog. materieller Dienstbezug)

Von einem Beamten wird außerdienstlich kein wesentlich anderes Sozialverhalten erwartet als von jedem anderen Bürger. Ob die Pflicht zu achtungs- und vertrauenswürdigem Verhalten außerdienstlich verletzt wurde, misst sich maßgeblich daran, wie sehr das konkrete Verhalten geeignet ist, Vertrauen zu beeinträchtigen. Die Vertrauensbeeinträchtigung bezieht sich dabei entweder auf den konkreten Dienstpostendes Beamten (Amt im konkret-funktionalen Sinne), d. h. auf die Erfüllung der dem Beamten konkret obliegenden Dienstpflichten, oder auf das Ansehen des Berufsbeamtentums als Ausdruck einer stabilen und gesetzestreuen Verwaltung.[111]

Beispiel: Ein Lehrer besitzt kinderpornographische Dateien auf seinem privaten Laptop. Hier besteht ein Bezug zum konkret-funktionalen Amt, da es sich bei kinderpornographischen Dateien um die Verletzung der elementaren Rechte der anvertrauten Personengruppe des Lehrers handelt. Somit handelt es sich hier um eine außerdienstliche Pflichtverletzung.[112]

---

109 *Battis*, Bundesbeamtengesetz, § 61, Rn. 9

110 *Battis*, Bundesbeamtengesetz, § 61, Rn. 11

111 BayVGH, Urt. vom 27.11.2013 – 16a D 12.545 –, Rn. 27

112 BVerwG, Urt. vom 19.8.2010 – 2 C 5.10 –, Rn. 15 und 17

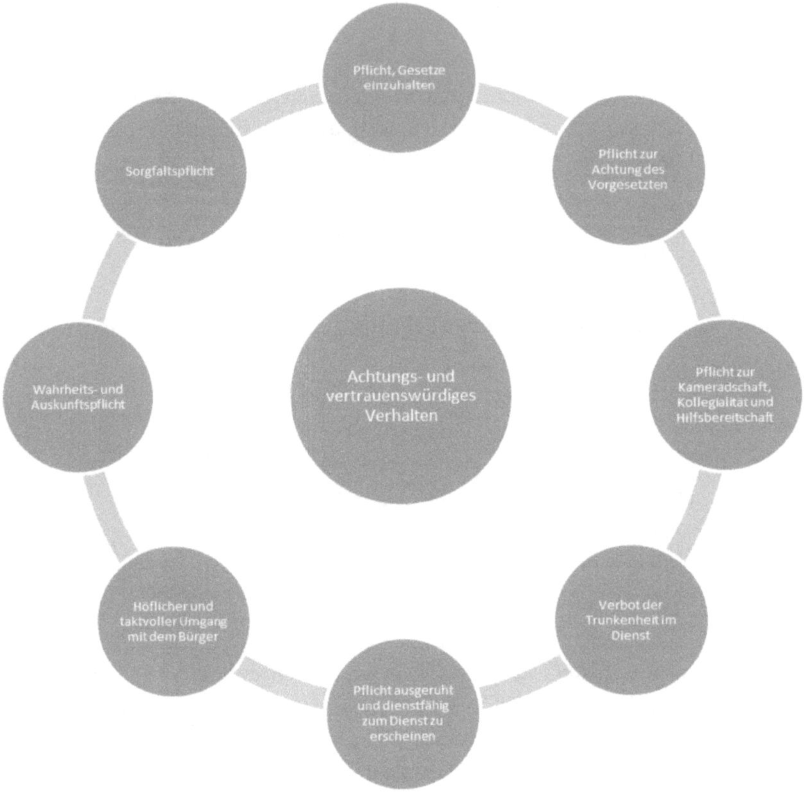

Konkretisierung der Pflicht zu achtungs- und vertrauenswürdigem Verhalten

Aus der Pflicht zu achtungs- und vertrauenswürdigem Verhalten ergeben sich konkretisierte Pflichten des Beamten, die zum Teil auch außerdienstliche Relevanz aufweisen:

Konkretisierung der Pflicht zu achtungs- und vertrauenswürdigem Verhalten	
Pflicht	**Konkretisierung**
Pflicht, Gesetze einzuhalten	Der Beamte ist sowohl innerhalb als auch außerhalb des Dienstes verpflichtet, Gesetze einzuhalten. Beispiel: Ein beamteter Lehrer besitzt auf seinem privaten Laptop kinderpornographische Dateien.[113]
Pflicht zur Achtung dem Vorgesetzten gegenüber	Beamte haben ihren Vorgesetzten mit Achtung zu begegnen. Daraus ergibt sich aber keine Pflicht zur Unterwürfigkeit oder zu stillschweigendem Erdulden. Vielmehr darf und soll Kritik, sofern notwendig, in angemessener Form vorgebracht werden. Der Beamte hat Gehorsam und Zurückhaltung gegenüber dem Vorgesetzten auch dann zu wahren, wenn er mit den getroffenen Entscheidungen nicht einverstanden ist.[114] Beispiel: Ein Beamter äußert per E-Mail an Kollegen seinen Unmut über die Entscheidung des Vorgesetzten und wirft diesem einen Napoleon-Komplex vor.
Pflicht zur Kameradschaft, Kollegialität und Hilfsbereitschaft gegenüber anderen Beamten	Der Beamte ist zur Kollegialität und Kameradschaft gegenüber anderen Beamten verpflichtet. Ebenso soll der Beamte sich hilfsbereit gegenüber anderen Beamten zeigen. Beispiel: Während einer Fortbildungsmaßnahme stellt ein Beamter seine Gemeinde in ein schlechtes Licht und teilt den Fortbildungsteilnehmern mit, dass die Gemeinde nach seiner Ansicht insgesamt schlecht arbeitet.[115] Mobbing und sexuelle Belästigung verletzen diese Pflicht in jedem Fall.
Verbot der Trunkenheit im Dienst	Beamten ist der Genuss berauschender Getränke im Dienst verboten. Ausnahmen davon benötigen die vorherige Genehmigung des Dienstvorgesetzten, z. B. im Rahmen von Verabschiedungen oder Dienstjubiläen.

113 BVerwG, Urt. vom 18.6.2015 – 2 C 25.14 –
114 BayVGH, Beschl. vom 17.12.2012 – 16a DZ 10.1943 –, Rn. 10
115 Angelehnt an: BayVGH, Urt. vom 26.9.2014 – 16a D 13.253 –.

Konkretisierung der Pflicht zu achtungs- und vertrauenswürdigem Verhalten	
Pflicht	**Konkretisierung**
Pflicht, ausgeruht und dienstfähig zum Dienst zu erscheinen	Beamte müssen ausgeruht und dienstfähig zum Dienst erscheinen. Hierzu gehört auch das Verbot, mit Restalkohol zum Dienst zu erscheinen. Beispiel: Nach einer durchzechten Nacht erscheint der Regierungsinspektor Meier alkoholisiert zum Dienst.
Höflichkeit und taktvoller Umgang mit dem Bürger	Beamte sind angehalten, höflich und taktvoll mit Bürgern umzugehen. Dies ergibt sich schon aus dem Grundsatz der bürgernahen Verwaltung.
Wahrheits- und Auskunftspflicht	Beamte sind sowohl gegenüber ihrem Dienstherrn als auch gegenüber dem Bürger zur Wahrheit und Auskunft verpflichtet. Eine Selbstbelastungspflicht, z. B. im Rahmen eines Straf- oder Disziplinarverfahrens, besteht nicht.[116] Gegenüber dem Bürger ergeben sich die Grenzen der Auskunftspflicht aus den Gesetzen und den Persönlichkeitsrechten Dritter. Beispiel: Ein Beamter macht unrichtige Angaben bei der Beantragung von Trennungsgeld und verschweigt dabei, dass er bereits seit geraumer Zeit geschieden ist.[117]
Sorgfaltspflicht gegenüber anvertrauter Ausstattung und Ausrüstung	Beamte sind angehalten, mit der ihnen anvertrauten Ausstattung und Ausrüstung sorgfältig umzugehen.

116 BVerwG, Urt. vom 28.2.2013 – 2 C 62.11 –

117 BVerwG, Urt. vom 28.10.1998 – 1 D 28.97 –

3.6 Erscheinungsbild (§ 34 Abs. 2 BeamtStG)

Das Bundesverwaltungsgericht (BVerwG) hat mit Urteil vom 17.11.2017 – 2 C 25.17 – entschieden, dass eine Regelung des zulässigen Ausmaßes von Tätowierungen bei Beamten einer **hinreichend bestimmten gesetzlichen Ermächtigung** bedarf. Das Verbot des Tragens von Tätowierungen greife in das auch Beamten durch Art. 2 I i. V. m. Art. 1 I des Grundgesetzes (GG) gewährleistete allgemeine Persönlichkeitsrecht und in ihr Grundrecht auf körperliche Unversehrtheit aus Art. 2 II 1 GG ein. Im Bund und in einigen Ländern ist das Erscheinungsbild von Beamten überwiegend durch Verwaltungsvorschriften oder Runderlasse geregelt, die sich auf die generelle Befugnis zur Regelung der Dienstkleidung stützen. Diese allein erfüllt jedoch nicht die Anforderungen an eine hinreichend bestimmte gesetzliche Ermächtigungsgrundlage. Inhalt und Art entsprechen nicht dem vom BVerwG festgelegten Maßstab zur Regelung des zulässigen Ausmaßes von Tätowierungen und anderer Formen des Erscheinungsbilds von Beamten.

Das BeamtStG sowie das BBG wurden im April 2021 diesbezüglich geändert.[118]

In der Begründung zur Gesetzesänderung wird u. a. ausgeführt:

Bei ihrer Aufgabenwahrnehmung, insbesondere bei der Ausübung hoheitsrechtlicher Befugnisse, treten Beamte den Bürgern als Repräsentanten des Staates gegenüber. In dieser Funktion muss das Verhalten der Beamten nach bereits geltender Rechtslage gemäß [...] § 34 Satz 3 des (BeamtStG) innerhalb und außerhalb des Dienstes der Achtung und dem Vertrauen gerecht werden, die ihr Beruf erfordert.[119]

So hat bei Tätowierungen nach einer Studie des Instituts für Demoskopie Allensbach die Akzeptanz in der Gesellschaft in den letzten Jahren zwar zugenommen, jedoch bestehen in weiten Teilen der Bevölkerung noch erhebliche Vorbehalte hiergegen (Allensbacher Kurzbericht vom 8.7.2014; siehe auch Bayerischer Landtag, Drs. 17 / 21474). Eine Studie der Universität Leipzig zur „Verbreitung von Tätowierungen, Piercings und Körperhaarentfernung in Deutschland“ aus dem September 2017 bestätigt die Tendenzen der Studie des Instituts für Demoskopie Allensbach. Nach einer Studie der Arbeitsgruppe „Erscheinungsbild“ der Hochschule der Polizei Rheinland-Pfalz aus dem Dezember 2017 werden uniformierte Personen mit Tätowierung als etwas weniger kompetent und weniger vertrauenswürdig wahrgenommen als nichttätowierte Personen in Uniform. Tätowierten Personen in Uniform werde zudem etwas weniger Respekt entgegengebracht. Ähnliche Ergebnisse waren bei Merkmalen des Erscheinungsbilds wie Piercings oder sogenannten Tunneln zu sehen. Ein Polizist in Uniform und ohne jede Form des Körperschmucks werde als vertrauenswürdiger als ein Polizist mit Kör-

118 Deutscher Bundestag, 19. Wahlperiode, Drs. 19 / 26839

119 Deutscher Bundestag, 19. Wahlperiode, Drs. 19 / 26839

perschmuck eingestuft. Entsprechendes gilt für den den Polizisten entgegengebrachten Respekt.

Im Ergebnis kann davon ausgegangen werden, dass Tätowierungen und vergleichbare Merkmale des Erscheinungsbilds in breiten Teilen der Bevölkerung immer noch als besonders auffällige und sehr stark individualisierende Formen des Erscheinungsbilds wahrgenommen werden. Im Vergleich zu einer Person ohne sichtbare Tätowierungen wird eine im sichtbaren Körperbereich tätowierte Person weniger als Repräsentantin der Institution, für welche sie tätig wird, sondern erheblich stärker als Individuum und Privatperson wahrgenommen. Insbesondere im Bereich der uniformierten Vollzugsdienste, aber auch in anderen Bereichen der Verwaltung muss vermieden werden, dass hoheitliche Maßnahmen mit der in einem stark auffälligen Erscheinungsbild zum Ausdruck kommenden Selbstdarstellung der handelnden Person in Zusammenhang gebracht werden. Hierdurch soll insbesondere das Vertrauen der Bürger in die neutrale und unparteiische Amtsführung der Amtswalter gestärkt werden. Das ist eine wesentliche Voraussetzung für die Akzeptanz staatlichen Verwaltungshandelns und damit der Funktionsfähigkeit der öffentlichen Verwaltung.

4. Folgepflicht (§ 35 BeamtStG)

4.1 Allgemeines

Die Folgepflicht des Beamten besteht zur Gewährleistung der Funktionsfähigkeit der Verwaltung auch bei rechtswidrigen Anordnungen. Ausgenommen sind Fälle offenkundiger und schwerwiegender Rechtswidrigkeit, wozu auch die offensichtlich fehlende Weisungsbefugnis gehört. Allerdings muss der Anweisende seine Weisungsbefugnis nicht nachweisen.[120]

Die Folgepflicht i. S. d. § 35 BeamtStG ist Ausdruck des hierarchischen Aufbaus des Verwaltungsapparates und beschreibt die Weisungsgebundenheit des Beamten gegenüber seinen Vorgesetzen. Diese Weisungsgebundenheit des Beamten ist Ausdruck des rechtstaatlichen demokratischen Staates und dient der Nachvollziehbarkeit der Legitimationskette und dem Primat der Politik.

Die Regierung und der ressortverantwortliche Minister sind dem Parlament verantwortlich.Aus diesem Grund müssen die Beamten dessen Anordnungen Folge leisten.[121] Dieses Prinzip zieht sich vom Ministerium bis zur kleinsten Teileinheit einer Behörde durch.

---

120 BayVGH, Urt. vom 20.7.2015 – 16b DZ 15.542 –, 2. Leitsatz

121 *Battis*, Bundesbeamtengesetz, § 62, Rn. 3

§ 35 BeamtStG (Folgepflicht)

(1) Beamtinnen und Beamte haben ihre Vorgesetzten zu beraten und zu unterstützen. Sie sind verpflichtet, deren dienstliche Anordnungen auszuführen und deren allgemeine Richtlinien zu befolgen. Dies gilt nicht, soweit die Beamtinnen und Beamten nach besonderen gesetzlichen Vorschriften an Weisungen nicht gebunden und nur dem Gesetz unterworfen sind.
(2) Beamtinnen und Beamte haben bei organisatorischen Veränderungen dem Dienstherrn Folge zu leisten.

Die Folgepflicht i. S. d. § 35 BeamtStG regelt ausdrücklich nur dienstliche Anordnungen und allgemeine Richtlinien des Dienstherrn. Private Anordnungen fallen hierunter nicht.

Beispiel: So unterfällt der Auftrag des Bürgermeisters an den Sachbearbeiter, für diesen einen privaten Einkauf zu erledigen, nicht unter die Folgepflicht.

4.2 Beratungs- und Unterstützungspflicht (§ 35 Abs. 1 Satz 1 BeamtStG)

Die sog. Beratungs- und Unterstützungspflicht des Beamten gilt gegenüber den Vorgesetzen und Kollegen. Diese Pflicht stellt eine Konkretisierung der Pflicht zur Kameradschaft, Kollegialität und Hilfsbereitschaft und der Pflicht zur Achtung des Vorgesetzten dar.

Der Beamte muss Bedenken zur Zweck- und Rechtmäßigkeit von Maßnahmen antragen und ggf. bessere Optionen vorstellen.[122]

4.3 Gehorsamspflicht (§ 35 Abs. 1 Satz 2 BeamtStG)

Der Beamte muss gem. § 35 Abs. 1 Satz 2 BeamtStG den Anordnungen des Vorgesetzen Folge leisten. Auch muss er den Richtlinien, Verwaltungsvorschriften, etc. des Dienstherrn nachkommen. Die Gehorsamspflicht stellt eine Konkretisierung des Dienst- und Treueverhältnisses dar.

Ausnahmen von der Gehorsamspflicht bestehen nur aufgrund anderer gesetzlicher Verpflichtungen (z. B. die Freiheit des Korrektors bei laufbahnrechtlichen Prüfungen). Bei rechtswidrigen Anordnungen sind die Vorgaben des § 36 BeamtStG zu beachten.

122 *Battis*, Bundesbeamtengesetz, § 62, Rn. 2.

5. Verantwortung für die Rechtmäßigkeit gem. § 36 BeamtStG

5.1 Allgemeines

Beamte tragen für ihre Handlungen grundsätzlich die volle persönliche Verantwortung. Der Beamte ist deshalb dazu gezwungen, Anordnungen oder eigenständige Handlungen vor einer Durchführung persönlich auf deren Rechtmäßigkeit zu prüfen.

§ 36 BeamtStG (Verantwortung für die Rechtmäßigkeit)

(1) Beamtinnen und Beamte tragen für die Rechtmäßigkeit ihrer dienstlichen Handlungen die volle persönliche Verantwortung.
(2) Bedenken gegen die Rechtmäßigkeit dienstlicher Anordnungen haben Beamtinnen und Beamte unverzüglich auf dem Dienstweg geltend zu machen. Wird die Anordnung aufrechterhalten, haben sie sich, wenn die Bedenken fortbestehen, an die nächst höhere Vorgesetzte oder den nächst höheren Vorgesetzten zu wenden. Wird die Anordnung bestätigt, müssen die Beamtinnen und Beamten sie ausführen und sind von der eigenen Verantwortung befreit. Dies gilt nicht, wenn das aufgetragene Verhalten die Würde des Menschen verletzt oder strafbar oder ordnungswidrig ist und die Strafbarkeit oder Ordnungswidrigkeit für die Beamtinnen oder Beamten erkennbar ist. Die Bestätigung hat auf Verlangen schriftlich zu erfolgen.
(3) Wird von den Beamtinnen oder Beamten die sofortige Ausführung der Anordnung verlangt, weil Gefahr im Verzug besteht und die Entscheidung der oder des höheren Vorgesetzten nicht rechtzeitig herbeigeführt werden kann, gilt Absatz 2 Satz 3 und 4 entsprechend. Die Anordnung ist durch die anordnende oder den anordnenden Vorgesetzten schriftlich zu bestätigen, wenn die Beamtin oder der Beamte dies unverzüglich nach Ausführung der Anordnung verlangt.

Die Grenzen der Prüfung der Rechtmäßigkeit einer Anordnung oder von dienstlichen Handlungen muss aber auf die Erfahrung und das vorauszusetzende Wissen des Beamten, bezogen auf sein Amt, beschränkt werden.

5.2 Recht und Pflicht zur Remonstration (§ 36 Abs. 2 BeamtStG)

Da der Beamte die Verantwortung für die Rechtmäßigkeit seiner dienstlichen Handlungen trägt, soll er Bedenken gegen die Rechtmäßigkeit dienstlicher Anordnungen auf dem Wege der **Remonstration** (lateinisch *remonstrare:* „wieder zeigen“) anzeigen.

Der Beamte hat deshalb das Recht und die Pflicht, bei rechtswidrigen Anordnungen eine Gegenvorstellung gegenüber dem Vorgesetzten vorzubringen. Der Vorgesetzte soll dadurch seine Anordnung nochmals überdenken. Ändert der Vorgesetzte seine Anordnung nicht, so wird der Beamte gem. § 36 Abs. 2 Satz 3 BeamtStG von seiner persönlichen Verantwortung entbunden.[123] Der Beamte muss dann dennoch weiter-

123 *Kawik* in ZBR 7-8 / 2015, S. 244

hin die Anordnung, gegen die er remonstriert hat sowie weitere Anordnungen seines Vorgesetzten befolgen, solange durch die anschließenden Handlungen oder Unterlassungen nicht offensichtlich Straftaten oder Ordnungswidrigkeiten begangen werden und durch die Handlungen oder Unterlassungen nicht die Würde des Menschen verletzt wird.

> *Eine die Nichtbefolgung dienstlicher Anordnungen möglicherweise rechtfertigende Remonstration [...] liegt nur vor, wenn der Beamte erkennbar gemacht hat, daß [sic!] er die Befolgung der Anordnung von der endgültigen Entscheidung des nächsthöheren Vorgesetzten abhängig macht.*[124]

Die Verantwortung für die Rechtmäßigkeit von dienstlichen Handlungen gem. § 36 BeamtStG, das Remonstrationsrecht und die Folgepflicht gem. § 35 BeamtStG sind zwei Seiten einer Medaille. Die Folgepflicht sichert die Handlungsfähigkeit der Verwaltung.

> *Die Remonstration führt nicht nur zu straf-, disziplinar- und haftungsrechtlicher Entlastung des ausführenden Beamten, sondern kann außerdem das Rechtsstaats- und auch das Demokratieprinzip verwirklichen.*[125]

Der Beamte kann verlangen, dass seine Remonstration schriftlich durch den Vorgesetzten bestätigt wird. Dies ergibt sich aus § 36 Abs. 2 Satz 5 BeamtStG.

Hält der Beamte die Maßnahme zwar für rechtmäßig, aber unzweckmäßig, so steht diesem der Weg der Remonstration nicht offen. Der Beamte muss sich in einem solchen Fall auf seine Beratungs- und Unterstützungspflicht stützen.[126]

rechtmäßige dienstliche Anordnung	**rechtswidrige dienstliche Anordnung**
Gehorsamspflicht des Beamten	Gehorsamspflicht des Beamten
Beratungs- und Unterstützungspflicht	Beratungs- und Unterstützungspflicht
	Recht und Pflicht zur Remonstration

124 BVerwG, Urt. vom 11.6.1964 – II D 5 / 63; II DB 11 / 63 –, 1. Leitsatz
125 *Battis*, Bundesbeamtengesetz, § 63, Rn. 2
126 BVerwG, Urt. vom 20.9.2018 – 2 C 45.17 –, Rn. 19

6. Verschwiegenheitspflicht (§ 37 BeamtStG)

6.1 Allgemeines

Beamte unterliegen einer besonderen Verschwiegenheitspflicht, die auch nach der aktiven Dienstzeit fortwirkt.

> **§ 37 BeamtStG (Verschwiegenheitspflicht)**
>
> (1) Beamtinnen und Beamte haben über die ihnen bei oder bei Gelegenheit ihrer amtlichen Tätigkeit bekannt gewordenen dienstlichen Angelegenheiten Verschwiegenheit zu bewahren. Dies gilt auch über den Bereich eines Dienstherrn hinaus sowie nach Beendigung des Beamtenverhältnisses.
> (2) Absatz 1 gilt nicht, soweit
> 1. Mitteilungen im dienstlichen Verkehr geboten sind,
> 2. Tatsachen mitgeteilt werden, die offenkundig sind oder ihrer Bedeutung nach keiner Geheimhaltung bedürfen, oder
> 3. gegenüber der zuständigen obersten Dienstbehörde, einer Strafverfolgungsbehörde oder einer durch Landesrecht bestimmten weiteren Behörde oder außerdienstlichen Stelle ein durch Tatsachen begründeter Verdacht einer Korruptionsstraftat nach den §§ 331 bis 337 des Strafgesetzbuches angezeigt wird.
>
> Im Übrigen bleiben die gesetzlich begründeten Pflichten, geplante Straftaten anzuzeigen und für die Erhaltung der freiheitlichen demokratischen Grundordnung einzutreten, von Absatz 1 unberührt.
> (3) Beamtinnen und Beamte dürfen ohne Genehmigung über Angelegenheiten, für die Absatz 1 gilt, weder vor Gericht noch außergerichtlich aussagen oder Erklärungen abgeben. Die Genehmigung erteilt der Dienstherr oder, wenn das Beamtenverhältnis beendet ist, der letzte Dienstherr. Hat sich der Vorgang, der den Gegenstand der Äußerung bildet, bei einem früheren Dienstherrn ereignet, darf die Genehmigung nur mit dessen Zustimmung erteilt werden. Durch Landesrecht kann bestimmt werden, dass an die Stelle des in den Sätzen 2 und 3 genannten jeweiligen Dienstherrn eine andere Stelle tritt.
> [...]

Die Pflicht zur Amtsverschwiegenheit schützt auch den Bürger, der von Einzelvorgängen der Verwaltung betroffen ist.

6.2 Pflicht zur Amtsverschwiegenheit (§ 37 Abs. 1 BeamtStG)

Der Beamte ist verpflichtet, während und nach seiner aktiven Dienstzeit (also im Ruhestand) alle dienstlich erlangten Informationen, seien diese ihm aufgrund seiner Tätigkeit oder bei Gelegenheit seiner Amtstätigkeit bekannt geworden, zu wahren und keinem Drittem zugänglich zu machen.[127]

Exkurs:
Auskünfte an die Medien gem. § 69 SächsBG
Das durch das Grundgesetz geschützte Informationsbedürfnis der Presse gem. Art. 5 I GG kollidiert oftmals mit der Pflicht zur Amtsverschwiegenheit. Der Beamte muss auch gegenüber der Presse Amtsverschwiegenheit wahren. Über Ausnahmen hiervon entscheidet die Behördenleitung.
Der Informationsanspruch der Presse kann sich nur auf die Handlungen Behörde und nicht auf den einzelnen Beamten (z. B. Name, Dienstgrad, etc.) richten. Grundsätzlich ist bei Anfragen von Vertretern der Medien auf die entsprechende Stelle der Öffentlichkeitsarbeit zu verweisen – siehe auch § 69 SächsBG.[128]

Der Beamte ist grundsätzlich zur Amtsverschwiegenheit verpflichtet.

Auf eine Einstufung der Informationen als Verschlusssache kommt es dabei nicht an.

Exkurs:
Whistleblower
Das sog. „**Whistleblowing**" kann als die unerlaubte Zugänglichmachung von internen Vorgängen und Informationen einer Behörde oder eines Unternehmens für eine unüberschaubare Anzahl von Personen, Einzelpersonen, Presse, Nichtregierungsorganisationen oder Unternehmen definiert werden.
Beamte verstoßen hierbei gegen die Pflicht zur Amtsverschwiegenheit gem. § 37 BeamtStG. Daneben kommt noch eine Straftat i. S. d. § 353b StGB („Verletzung des Dienstgeheimnisses und einer besonderen Geheimhaltungspflicht") in Betracht.
Um Missstände innerhalb der Behörde anzuzeigen, ist grundsätzlich der Dienstweg einzuhalten (Pflicht zur Remonstration i. S. d § 36 Abs. 2 BeamtStG).

Die sog. *„Flucht in die Öffentlichkeit"* stellt regelmäßig eine Dienstpflichtverletzung dar, da der Beamte versucht, über die öffentliche Meinung Einfluss auf den Dienstherrn zu nehmen und dadurch dienstliche Meinungsbildungs- und Entscheidungsprozesse zu beeinflussen.[129]

§ 37 Abs. 2 BeamtStG normiert Ausnahmetatbestände von der Pflicht zur Amtsverschwiegenheit i. S. d. § 37 Abs. 1 BeamtStG:

- im dienstlichen Verkehr gebotene Mitteilung,
- offenkundige Tatsachen (z. B. bereits erschienener Presseartikel),

127 *Wagner/ Leppek*, Beamtenrecht, § 14, Rn. 181
128 *Battis*, Bundesbeamtengesetz, § 70, Rn. 2
129 BVerfG, Beschl. vom 21.6.2006 – 2 BvR 1780 / 04 –, Rn. 26

- Tatsachen, die keiner Geheimhaltung bedürfen (z. B. Speiseplan),
- bei Straftaten i. S. d. §§ 331 – 337 StGB gegenüber der obersten Dienstbehörde oder einer von ihr bestimmten außerdienstlichen Stelle oder Strafverfolgungsbehörden,
- oder bei gesetzlich begründeter Pflicht, Straftaten anzuzeigen (vgl. Legalitätsprinzip gem. § 152 Abs. 2 StPO) und die Pflicht für die Einhaltung der freiheitlich demokratischen Grundordnung

7. Verbot der Annahme von Geschenken und Belohnungen gem. § 42 BeamtStG

7.1 Allgemeines

Das Verbot der Annahme von Belohnungen, Geschenken und sonstigen Vorteilen ist im Zusammenhang mit der Pflicht zur Uneigennützigkeit i. S. d. § 34 Abs. 1 Satz 2 BeamtStG zu lesen.

§ 71 BBG (Verbot der Annahme von Belohnungen, Geschenken und sonstigen Vorteilen)

(1) Beamtinnen und Beamte dürfen, auch nach Beendigung des Beamtenverhältnisses, keine Belohnungen, Geschenke oder sonstigen Vorteile für sich oder eine dritte Person in Bezug auf ihr Amt fordern, sich versprechen lassen oder annehmen. Ausnahmen bedürfen der Zustimmung ihres gegenwärtigen oder letzten Dienstherrn.
(2) Wer gegen das in Absatz 1 genannte Verbot verstößt, hat das aufgrund des pflichtwidrigen Verhaltens Erlangte auf Verlangen dem Dienstherrn herauszugeben, soweit nicht die Einziehung von Taterträgen angeordnet worden oder es auf andere Weise auf den Staat übergegangen ist.

7.2 Verbot der Annahme von Geschenken, Belohnungen und sonstigen Vorteilen (§ 42 Abs. 1 BeamtStG)

§ 42 BeamtStG verbietet die Annahme irgendwelcher Belohnungen und Geschenke oder sonstiger Vorteile, die mit der Amtstätigkeit in Verbindung stehen. Dies ergibt sich aus der Pflicht, dass Beamte ihr Amt uneigennützig zu führen haben.

Verboten ist nicht nur die Annahme von irgendwelchen Vorteilen, sondern bereits ein Verhalten, das den Verdacht der Bestechlichkeit zu erwecken geeignet ist.[130]

Beispiel: Der Bauherr XY legt dem zust. Beamten des Bauamtes die Antragsunterlagen für das Einfamilienhaus vor. In diesen Unterlagen liegen 500 Euro in bar. Der

130 BVerwG, Urt. vom 14.12.1995 – 2 C 27 / 94 –

Beamte nimmt den Betrag wohlwollend an. Im Anschluss findet eine beschleunigte Sachbearbeitung statt.

Belohnungen, Geschenke oder sonstige Vorteile sind Vorteile wirtschaftlicher oder nichtwirtschaftlicher Art, die von einem anderen dem Beamten unmittelbar oder mittelbar zugewendet werden, ohne dass der Beamte darauf einen Anspruch hat. Hierunter fällt auch das unentgeltliche Überlassen von Verbrauchsgegenständen, Spenden, Übernachtungen, Bewirtungseinladungen oder Urlaubsreisen.[131]

Einen strafrechtlichen Schutz erfährt diese Pflicht durch den § 331 StGB.

Der Vorteil muss dem Beamten in Bezug auf dessen Amt gewährt werden.
Eine Zuwendung wird in bezug [sic!] auf die dienstliche Tätigkeit gewährt, wenn nach den Umständen des Einzelfalles sich der Geber davon leiten läßt [sic!], daß der Bedienstete dienstlich tätig wird oder geworden ist. Dabei ist es ausreichend, wenn nach den erkennbaren Vorstellungen und Motiven des Gebers der Gesichtspunkt der Anstellung oder dienstlichen Tätigkeit des Empfängers zumindest mitkausal ist, um jeden Anschein durch Gefälligkeiten beeinflußbarer [sic!] dienstlicher Tätigkeit zu vermeiden.[132]

Eine Annahme liegt schon durch schlüssiges Verhalten des Beamten und des Gebers vor. Eine Annahme durch den Beamten kann auch über Dritte erfolgen.

Beispiel: Der Ehefrau des Beamten Huber werden 500 Euro auf ein Tagesgeldkonto überwiesen.

Ausnahmsweise kann die Zustimmung zur Annahme von Vorteilen erfolgen. Dies stellt aber einen besonders seltenen Fall dar und wird nur gewährt, wenn die Gefährdung des Vertrauens in die Amtsführung ausgeschlossen werden kann. Das Fordern eines Vorteils kann nicht genehmigt werden.[133]

8. Fürsorgepflicht (§ 45 BeamtStG)

8.1 Allgemeines

Die Fürsorgepflicht statuiert auf Seiten des Dienstherrn, manifestiert in der Person des Dienstvorgesetzten und Vorgesetzten, eine Pflicht zur Fürsorge und auf Seiten des Beamten ein Recht auf Fürsorge. Bei Verletzung der Fürsorgepflicht kann der Beamte,

131 *Battis*, Bundesbeamtengesetz, § 71, Rn. 4
132 BVerwG, Urt. vom 14.12.1995 – 2 C 27 / 94 –, 1. Leitsatz
133 *Battis*, Bundesbeamtengesetz, § 71, Rn. 7

unabhängig von einem Amtshaftungsanspruch, gegen Dienstherrn einen Schadensersatzanspruch haben.[134]

> **§ 45 BeamtStG (Fürsorge)**
>
> Der Dienstherr hat im Rahmen des Dienst- und Treueverhältnisses für das Wohl der Beamtinnen und Beamten und ihrer Familien, auch für die Zeit nach Beendigung des Beamtenverhältnisses, zu sorgen. Er schützt die Beamtinnen und Beamten bei ihrer amtlichen Tätigkeit und in ihrer Stellung.

Die nachfolgenden Pflichten sind Pflichten, die dem Dienstherrn obliegen und zugleich Rechte des Beamten begründen. Hier erfolgt nur eine summarische Darstellung der Fürsorgepflicht.

8.2 Pflicht zur sachgerechten Beurteilung

Die Pflicht zur sachgerechten Beurteilung verpflichtet den Dienstherrn, dafür Sorge zu tragen, dass Beurteilungen den Grundsätzen der Eignung, Leistung und Befähigung gem. Art. 33 GG entsprechen. Willkürliche Beurteilungen aufgrund von sachfremden Erwägungsgründen (Geschlecht, Religion, Hautfarbe, etc.) sind unzulässig.

8.3 Pflicht zur Fürsorge und Beschleunigung im Disziplinarverfahren

Das Gebot der Beschleunigung im Disziplinarverfahren findet sich in § 4 SächsDG wieder. Die Vorgesetzten haben dafür zu sorgen, dass ein Disziplinarverfahren zügig abgeschlossen wird. Sollte ein Disziplinarverfahren aufgrund des Verhaltens des Dienstherrn unnötig verzögert werden, so ist dies regelmäßig als mildernder Umstand für den Beamten zu werten.[135]

8.4 Pflicht zur Belehrung, Beratung und Aufklärung

Der Dienstherr muss den Beamten regelmäßig über dessen Pflichten und die derzeit gültigen Vorschriften belehren. Bei wesentlichen Entscheidungen des Beamten, z.B. im Zusammenhang mit laufbahnrechtlichen Entscheidungen, hat der Beamte ein Recht auf Beratung und Aufklärung.9.5 Pflicht zur Schaffung angemessener Arbeitsbedingungen

Der Dienstherr ist verpflichtet, für die Beamten angemessene Arbeitsbedingungen zu schaffen. Dazu gehört auch, dass der Beamte seine Gesundheit und Arbeitskraft erhal-

134 BVerwG, Urt. vom 24.8.1961– II C 165.59 –

135 BVerwG, Beschl. vom 18.11.2008 – 2 B 63.08 –

ten kann. Inwieweit Arbeitsbedingungen angemessen sind, bestimmen unter anderem die Arbeitsschutzvorschriften.

Ansonsten obliegt die Entscheidung, ob, inwieweit und in welcher Form der Dienstherr im Rahmen der ihm obliegenden Fürsorgepflicht zugunsten eines Beamten tätig werden will, weitgehend im Ermessen des Dienstherrn.[136]
Zu angemessen Arbeitsbedingungen gehört auch eine Prävention von Mobbing oder sexuelle Belästigung durch den Dienstherrn.[137]

8.5 Pflicht zum Schutz gegen Angriffe von außen

Der Dienstherr muss dafür Sorge tragen, dass der einzelne Beamte durch ungerechtfertigte Kritik nicht in seinem Ansehen beeinträchtigt wird. So kann der Dienstherr in einzelnen Fällen sogar verpflichtet sein, eine entsprechende Erklärung herauszugeben, um eine ungerechtfertigte Kritik auszuräumen. Ebenso darf der Dienstherr den einzelnen Beamten durch ungerechtfertigte Kritik gegenüber Dritten nicht bloßstellen.[138]

---

136 BVerwG, Urt. vom 24.1.2013 – 5 C 12.12 –

137 VG Augsburg, Urt. vom 17.12.2015 – Au 2 K 15.1356 – und VG Regensburg, Urt. vom 15.10.2009 – RN 10A DK 09.00797 –

138 BVerwG, Urt. vom 29.6.1995 – 2 C 10/93 –

Kapitel 6 – Disziplinarrecht (Grundzüge)

I. Einleitung

Die schuldhafte Verletzung einer Dienstpflicht stellt im Ergebnis für einen Beamten ein Dienstvergehen gem. § 47 Abs. 1 BeamtStG dar. Dienstvergehen werden disziplinarrechtlich verfolgt und geahndet.

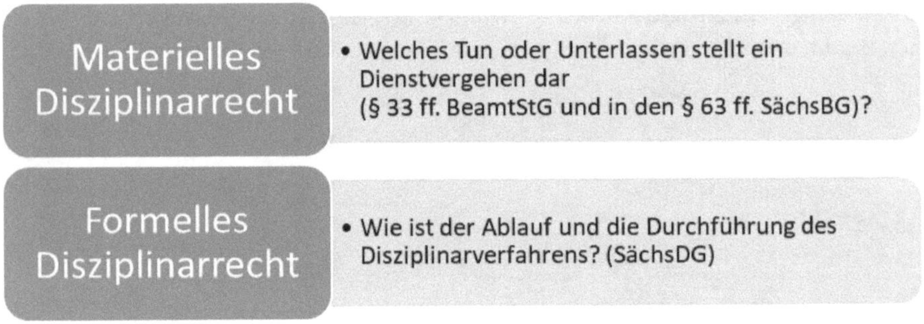

Materielles und formelles Disziplinarrecht

Materielles und formelles Disziplinarrecht regeln unterschiedliche Aspekte. Das materielle Disziplinarrecht geht der Frage nach, welches Verhalten (Tun oder Unterlassen) des Beamten ein Dienstvergehen i. S. d. § 47 Abs. 1 BeamtStG darstellt. Mit anderen Worten: *„Hat der Beamte gegen eine ihm obliegende Pflicht verstoßen?“*

Das formelle Disziplinarrecht schließt sich dem materiellen Disziplinarrecht an und regelt nach der positiven Feststellung eines Dienstvergehens den Ablauf und die Durchführung des Disziplinarrechts. Das SächsDG gilt für (aktive) Beamte sowie Ruhestandsbeamte.

Aufgrund des in § 17 SächsDG verankerten Legalitätsprinzips stellen Einleitung und Durchführung von Disziplinarverfahren den Regelfall dar.

Daher werden in diesem Kapitel Sinn und Zweck des Disziplinarrechts dargestellt und der Ablauf des Disziplinarverfahrens in seinen Grundzügen erläutert.

2. Funktionen des Disziplinarrechts

Dem Disziplinarrecht wohnen drei grundlegende Funktionen inne. Die Ordnungs- und Lösungsfunktion dienen Dienstherrn zur Aufrechterhaltung des Dienstbetriebes und der Entfernung von Beamten, die für die Behörde nicht mehr tragbar sind. Die Schutzfunktion des Disziplinarrechts schützt den Beamten vor willkürlichen Maßnahmen des Dienstherrn gegen seine Person.

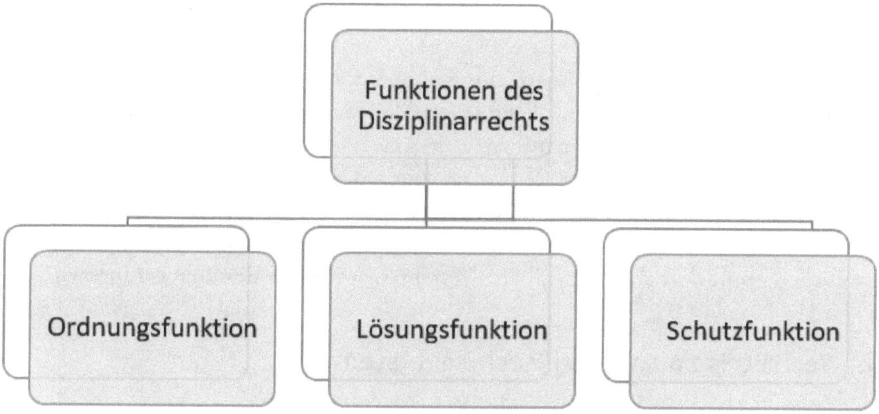

Funktionen des Disziplinarrechts

2.1 Ordnungsfunktion

Die Ordnungsfunktion des Disziplinarrechts beschreibt den Zweck des Disziplinarrechts, die innere Funktionsfähigkeit des Dienstbetriebs innerhalb einer Behörde aufrechtzuerhalten. Der Beamte soll sein Fehlverhalten einstellen und zukünftiges Fehlverhalten nicht begehen.[139]

Mit den Worten des Strafrechts beinhaltet die Ordnungsfunktion eine spezialpräventive Komponente. Die Aufrechterhaltung der Funktionsfähigkeit und Integrität des Beamtentums sowie des behördlichen Handelns sind Maximen bei der Durchführung eines Disziplinarverfahrens. Der Ordnungsfunktion des Disziplinarverfahrens wohnt daher kein strafender Charakter aufgrund eines Fehlverhaltens inne.

139 *Keller*, Disziplinarrecht, 23

2.2 Lösungsfunktion

Bei schwersten Dienstvergehen, wenn also das Vertrauen des Dienstherrn in den Beamten derart erschüttert ist, dass nicht mehr damit zu rechnen ist, in Zukunft vertrauensvoll zusammenzuarbeiten, kann der Beamte aus dem Dienstverhältnis entfernt werden. Es kann nicht mehr darauf vertraut werden, dass der Beamte zukünftig seine Aufgabe ordnungsgemäß erfüllt. Er hat sich grundsätzlich für den öffentlichen Dienst untragbar gemacht.[140]

2.3 Schutzfunktion

Die Schutzfunktion des Disziplinarrechts ist Ausdrucks des Willkürverbots. Das staatliche Willkürverbot wird aus dem allgemeinen Gleichbehandlungsgrundsatz gem. Art. 3 Abs. 1 GG und dem Rechtsstaatsprinzip gem. Art. 20 Abs. 3 GG abgeleitet. Die Schutzfunktion soll zum einem verhindern, dass gegen den Beamten ohne Vorliegen eines Dienstvergehens disziplinarische Maßnahmen i. S. d. § 5 SächsDG verhängt werden. Zum anderen soll sie garantieren, dass bei Vorliegen eines Dienstvergehens ein rechtsstaatliches, grundsätzlich überprüfbares Verfahren gegen den Beamten geführt wird.

3. Verhältnis zu anderen Rechtsgebieten

Disziplinarrecht ist kein Strafrecht. Beim Disziplinarverfahren handelt es sich um ein Verwaltungsverfahren i. S. d. VwVfG und der VwGO.

Das Disziplinarrecht beinhaltet die Rechtsnormen über

- Ablauf, Inhalt und Gestaltung des Disziplinarverfahrens von Beamten, Richtern und Soldaten im öffentlichen Dienst.

Abgrenzung Disziplinarrecht / Strafrecht:
„Das Strafrecht ist vom Vergeltungsprinzip mit dem Ziel der individuellen Sühne durch ein Unwerturteil über gemeinschaftswidriges Verhalten und strafrechtliche Sanktionen geprägt. Demgegenüber ist es ausschließlicher Zweck des Disziplinarverfahrens, das Vertrauen in die Ehrlichkeit und Zuverlässigkeit der Beamten und damit die Funktionsfähigkeit des öffentlichen Dienstes sicherzustellen."[141]

Dem Disziplinarrecht wohnt also kein Sanktions- und Vergeltungsgedanke inne. Vielmehr dient das Disziplinarrecht zur Erziehung der Beamten. Es ist darüber hinaus Ausdruck des Willkürverbots für den Dienstherrn gegenüber seinen Beamten. Letztlich

140 *Keller*, Disziplinarrecht, 23

141 *Baunack* in: PersR 2017, S. 33-37

dienen Disziplinarrecht und -verfahren der Aufrechterhaltung des Berufsbeamtentums und des Dienstbetriebs.[142]

4. Das Disziplinarverfahren

4.1 Ablauf des Disziplinarverfahrens

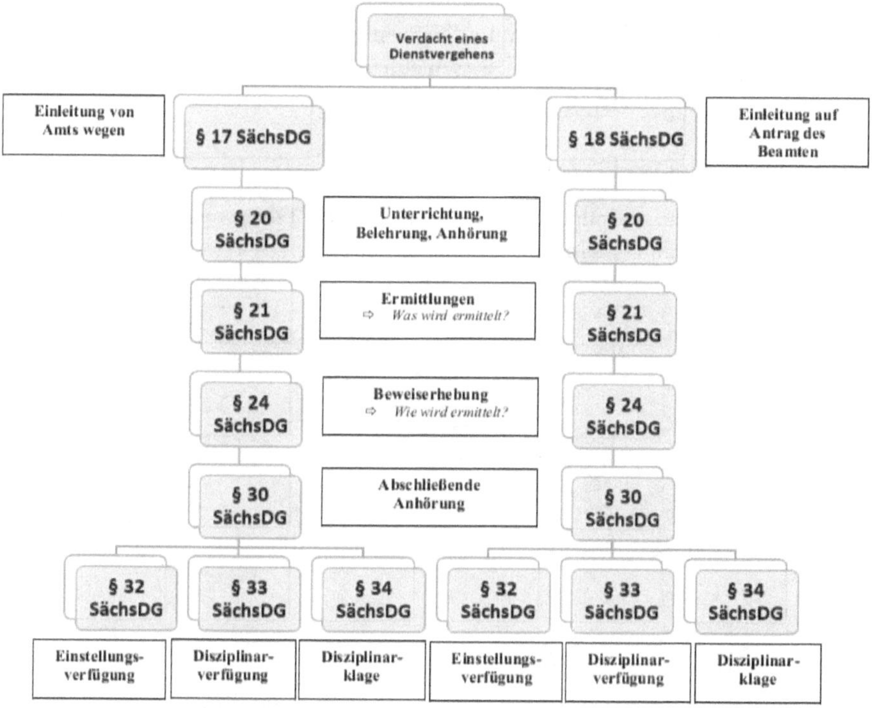

Skizze zum Ablauf des behördlichen Disziplinarverfahrens

Grundlage eines Disziplinarverfahrens ist der Verdacht eines Dienstvergehens. Der Begriff des Dienstvergehens ist in § 47 Abs. 1 BeamtStG legal definiert. Hierzu muss ein Beamter schuldhaft eine Pflichtverletzung begehen.

142 *Ebert*, Das aktuelle Disziplinarrecht, S. 21

Dienstvergehen gem. § 47 Abs. 1 BeamtStG:

Beamtinnen und Beamte begehen ein Dienstvergehen, wenn sie schuldhaft die ihnen obliegenden Pflichten verletzen. Ein Verhalten außerhalb des Dienstes ist nur dann ein Dienstvergehen, wenn es nach den Umständen des Einzelfalls in besonderem Maße geeignet ist, das Vertrauen in einer für ihr Amt bedeutsamen Weise zu beeinträchtigen.

Begeht ein Beamter mehrere Pflichtverstöße, so handelt es sich im Ergebnis grundsätzlich um ein Dienstvergehen (sog. **Einheit** des Dienstvergehens). Der Gesetzgeber spricht in § 47 Abs. 1 BeamtStG von einem Dienstvergehen, wenn Beamte schuldhaft die ihnen obliegenden Pflichten verletzen. Im Wege einer grammatikalischen Auslegung des Gesetzestextes liegt der Schluss nahe, dass unabhängig von einer räumlichen oder zeitlichen Nähe mehrere Pflichtverletzungen ein Dienstvergehen bilden.

4.2 Einleitung eines Disziplinarverfahrens

Zur Einleitung eines Disziplinarverfahrens muss also ein Dienstvergehen vorliegen. Es gibt zwei Wege, auf denen ein Disziplinarverfahren eingeleitet werden kann:

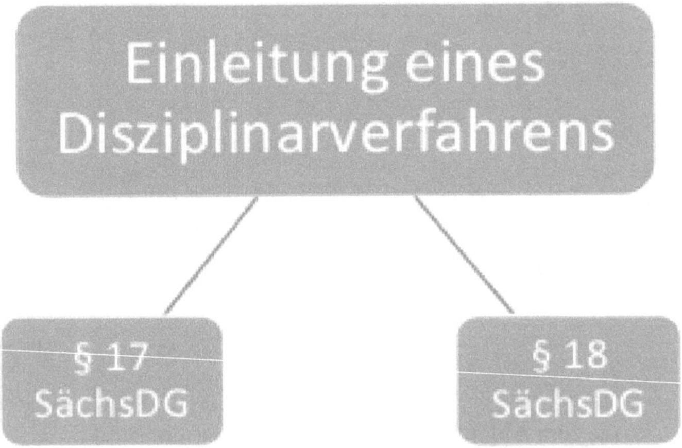

Einleitung eines Disziplinarverfahrens

§ 17 SächsDG stellt das sog. Legalitätsprinzip im Disziplinarrecht dar. Es zwingt den Dienstherrn bei Vorliegen eines Anfangsverdachtes (zureichende tatsächliche Anhaltspunkte) eines Dienstvergehens zur Einleitung eines Disziplinarverfahrens.

§ 17 SächsDG (Einleitung von Amts wegen)

(1) Liegen zureichende tatsächliche Anhaltspunkte vor, die den Verdacht eines Dienstvergehens rechtfertigen, hat der Dienstvorgesetzte ein Disziplinarverfahren einzuleiten. Der höhere Dienstvorgesetzte und die oberste Dienstbehörde können das Disziplinarverfahren jederzeit an sich ziehen. Die Einleitung ist aktenkundig zu machen.

(2) Ein Disziplinarverfahren wird nicht eingeleitet, wenn

1. zu erwarten ist, dass nach § 14 oder
2. feststeht, dass nach § 15

eine Disziplinarmaßnahme nicht ausgesprochen werden darf. Die Gründe sind aktenkundig zu machen und dem Beamten bekannt zu geben.

(3) Hat ein Beamter zwei oder mehrere Ämter inne, die nicht im Verhältnis von Haupt- zu Nebenamt stehen, und beabsichtigt der Dienstvorgesetzte, zu dessen Geschäftsbereich eines dieser Ämter gehört, ein Disziplinarverfahren gegen ihn einzuleiten, teilt er dies den Dienstvorgesetzten mit, die für die anderen Ämter zuständig sind. Ein weiteres Disziplinarverfahren kann gegen den Beamten wegen desselben Sachverhalts nicht eingeleitet werden. Hat ein Beamter zwei oder mehrere Ämter inne, die im Verhältnis von Haupt- zu Nebenamt stehen, kann nur der Dienstvorgesetzte ein Disziplinarverfahren gegen ihn einleiten, der für das Hauptamt zuständig ist.

(4) Die Zuständigkeiten nach den Absätzen 1 bis 3 werden durch eine Beurlaubung, Abordnung oder Zuweisung nicht berührt. Bei einer Abordnung geht die sich aus Absatz 1 ergebende Pflicht hinsichtlich der während der Abordnung begangenen Dienstvergehen auf den neuen Dienstvorgesetzten über, soweit dieser nicht ihre Ausübung den anderen Dienstvorgesetzten überlässt oder soweit nichts anderes bestimmt ist.

Bei Vorliegen tatsächlicher Anhaltspunkte für eine schuldhafte Pflichtverletzung muss der Dienstherr ein förmliches Disziplinarverfahren einleiten. Auf die Art und Weise des Bekanntwerdens des Dienstvergehens kommt es nicht an. So kann die Mitteilung einer schuldhaften Pflichtverletzung durch andere Beamte, Bürger, Ämter, usw. erfolgen.

Zum Begriff der Bagatellverfehlung:

Da der Begriff der Bagatellverfehlung ein Stück weit im Beurteilungsspielraum des Dienstherrn steht, soll vorneweg eine Negativabgrenzung vorgenommen werden. Erfüllt die Handlung des Beamten einen Straftatbestand, so kann grundsätzlich nicht von einer Bagatellverfehlung ausge-

gangen werden.[143] Bei einer Bagatellverfehlung ist auch nicht von einer Ansehensschädigung des Dienstherrn auszugehen. Disziplinarrechtliche Relevanz entfaltet die Handlung eines Beamten, wenn sie sein Ansehen oder das des Dienstherrn „spürbar berührt".[144] Die mildeste Maßnahme des Dienstherrn im Disziplinarverfahren ist der Verweis (§ 6 SächsDG), hierfür muss zumindest ein geringfügiger Vertrauensverlust des Dienstherrn in den Beamten vorliegen.[145]
Als Bagatellverfehlung kann z. B. das einmalige Zuspätkommen des Beamten zum Dienst betrachtet werden.
Eine Häufung von Bagatellverfehlungen kann dennoch ein förmliches Disziplinarverfahren zur Folge haben (Stichwort: Einheit des Dienstvergehens), um den Beamten zu einer ordnungsgemäßen Dienstausübung anzuhalten.[146]

Eine andere Möglichkeit besteht darin, dass der Beamte auf Antrag ein Disziplinarverfahren gegen sich selbst einleitet.

§ 18 SächsDG (Einleitung auf Antrag des Beamten)

(1) Der Beamte kann bei dem Dienstvorgesetzten oder dem höheren Dienstvorgesetzten die Einleitung eines Disziplinarverfahrens gegen sich selbst beantragen, um sich von dem Verdacht eines Dienstvergehens zu entlasten.

(2) Der Antrag darf nur abgelehnt werden, wenn keine zureichenden tatsächlichen Anhaltspunkte vorliegen, die den Verdacht eines Dienstvergehens rechtfertigen. Die Entscheidung ist dem Beamten mitzuteilen.

(3) § 17 Abs. 1 Satz 2 und 3 sowie Abs. 3 und 4 gilt entsprechend.

§ 18 SächsDG ermöglicht dem Beamten, die Einleitung eines Disziplinarverfahrens **gegen sich selbst** zu beantragen. Auf diesem Wege besteht für den Beamten die Möglichkeit, Vorwürfe gegen seine Person auf dienstlichem Wege auszuräumen (Zielrichtung: Entlastung). Über die anschließende Einleitung des Disziplinarverfahrens entscheidet der Dienstvorgesetzte. Kommt der Dienstvorgesetzte zu dem Schluss, dass tatsächliche Anhaltspunkte für den Verdacht eines Dienstvergehens vorliegen, so hat der Beamte ein Recht auf die Einleitung eines Disziplinarverfahrens. Eine Ablehnung des Antrages kann nur erfolgen, wenn keine tatsächlichen Anhaltspunkte für das Vorliegen eines Dienstver-

143 VG München, Urt. vom 26.9.2014 – 16a D 13.253 –, Rn. 91
144 VG Ansbach, Urt. vom 24.3.2008 – AN 1 K 08.01166 –, Rn. 19
145 LT (BW) Drs. 14 / 2996, S. 91
146 VG Wiesbaden, Urt. vom 25.2.2014 – 28 K 419 / 12.WI.D –, Rn. 218

gehens bestehen. Lehnt der Dienstvorgesetzte die Einleitung eines Disziplinarverfahrens ab, so ist der Beamte entlastet.[147]

Zum Begriff der „Vorermittlungen“:[148]
Das in § 17 SächsDG verankerte **Legalitätsprinzip** verpflichtet den Dienstherrn zur Einleitung eines Disziplinarverfahrens beim Verdacht der Verletzung einer dem Beamten obliegenden Pflichten. Ob ein solcher Verdacht vorliegt, hat der Dienstherr vor Einleitung eines Disziplinarverfahrens zu prüfen.
Zur Prüfung, ob ein solcher Verdacht vorliegt, hat der Dienstherr das Instrument der sog. **Vorermittlungen**. Kommt der Dienstherr bereits vor den Vorermittlungen zu dem Ergebnis, dass der Anfangsverdacht eines Disziplinarverfahrens vorliegt, so verbieten sich Ermittlungen außerhalb des gesetzlich geregelten Disziplinarverfahrens.
Die sog. Vorermittlungen sind nicht im Gesetz normiert und somit an keine bestimmte Form gebunden, finden jedoch ihre Grenzen in den Grundrechten des Betroffenen und den allgemeinen Gesetzen. Im Rahmen der Dienst- und Fachaufsicht ist es dem Vorgesetzten erlaubt, in allgemein zugängliche Daten des Mitarbeiters Einsicht zu nehmen. Ein Zugriff auf die Personalakte beispielweise ist nicht zulässig, da kein Verwaltungsverfahren i. S. d. § 9 VwVfG vorliegt. Befragungen, die den Charakter einer Beschuldigten- oder Zeugenvernehmung darstellen, sind nicht zulässig.

4.3 Unterrichtung, Belehrung und Anhörung des Beamten

§ 20 SächsDG (Unterrichtung, Belehrung und Anhörung)

(1) Der Beamte ist über die Einleitung und Ausdehnung des Disziplinarverfahrens unverzüglich zu unterrichten, sobald dies ohne Gefährdung der Aufklärung des Sachverhalts möglich ist. Hierbei ist ihm zu eröffnen, welches Dienstvergehen ihm zur Last gelegt wird. Er ist gleichzeitig darauf hinzuweisen, dass es ihm freisteht, sich mündlich oder schriftlich zu äußern oder nicht zur Sache auszusagen und sich jederzeit eines Bevollmächtigten oder Beistands zu bedienen.

(2) Für die Abgabe einer schriftlichen Äußerung wird dem Beamten eine Frist von einem Monat und für die Abgabe der Erklärung, sich mündlich äußern zu wollen, eine Frist von zwei Wochen gesetzt. Hat der Beamte rechtzeitig erklärt, sich mündlich äußern zu wollen, ist die Anhörung innerhalb von drei Wochen nach Eingang der Erklärung durchzuführen. Ist der Beamte aus zwingenden Gründen gehindert, eine Frist nach Satz 1 einzuhalten oder einer Ladung zur mündlichen Verhandlung Folge zu leisten und hat er dies unverzüglich mitgeteilt, ist die maßgebliche Frist

147 *Ebert*, Das aktuelle Disziplinarrecht, S. 59
148 *Herrmann, Klaus/ Soiné, Michael* in: NVwZ 14/ 2012, 845-849

zu verlängern oder er ist erneut zu laden. Die Fristsetzungen und Ladungen sind dem Beamten zuzustellen.

(3) Ist die nach Absatz 1 Satz 2 und 3 vorgeschriebene Belehrung unterblieben oder unrichtig erfolgt, darf die Aussage des Beamten nicht zu seinem Nachteil verwertet werden.

§ 20 SächsDG bestimmt, dass der Beamte über die Einleitung eines gegen ihn gerichteten Disziplinarverfahrens zu unterrichten ist. Dem Beamten ist mitzuteilen, welches Dienstvergehen ihm vorgeworfen wird und dass dieser sich zu den Vorwürfen äußern kann.

Die Äußerung des Beamten kann mündlich oder schriftlich (auch durch einen Bevollmächtigten) erfolgen. Eine Unterrichtung des Beamten kann nur unterbleiben, wenn dies die Ermittlungen gefährdet.

Absatz 3 der Vorschrift stellt ein Verwertungsverbot dar. Wird der Beamte nicht, nicht richtig oder unvollständig belehrt, so darf dessen Aussage nicht zu seinem Nachteil gewertet werden. Jedoch entfaltet § 20 Abs. 3 SächsDG keine Fernwirkung auf Beweismittel, die aufgrund der Aussage des Beamten gewonnen werden.[149] Unter Fernwirkung versteht man, dass alle mittelbaren Beweise, also solche, die aufgrund eines unzulässigen Beweismittels gefunden wurden, selbst unverwertbar werden.

4.4 Ermittlungen im Disziplinarverfahren

Sinn und Zweck des Disziplinarverfahrens, nämlich die Durchführung eines rechtsstaatlichen Verwaltungsverfahrens, erfordert die Durchführung von Ermittlungen. Der Ablauf und die Regelungen der Ermittlungen sind in den §§ 21 ff. SächsDG normiert.

§ 21 SächsDG (Pflicht zur Durchführung von Ermittlungen, Ausnahmen)

(1) Zur Aufklärung des Sachverhalts sind die erforderlichen Ermittlungen durchzuführen. Dabei sind die belastenden, die entlastenden und die für die Bemessung einer Disziplinarmaßnahme bedeutsamen Umstände zu ermitteln. Der höhere Dienstvorgesetzte und die oberste Dienstbehörde können die Ermittlungen an sich ziehen.

(2) Von Ermittlungen ist abzusehen, soweit der Sachverhalt aufgrund der tatsächlichen Feststellungen eines rechtskräftigen Urteils im Straf- oder Bußgeldverfahren oder im verwaltungsgerichtlichen Verfahren feststeht, durch das nach § 14 des Sächsischen Besoldungsgesetzes (SächsBesG) vom 18. Dezember 2013 (SächsGVBl. S. 970, 1005), in der jeweils geltenden Fassung, über den Verlust der Besoldung bei schuldhaftem Fernbleiben vom Dienst entschieden worden

149 BVerwG, Urt. vom 14.12.2017 – 2 C 12.17 –, Rn. 24

ist. Von Ermittlungen kann auch abgesehen werden, soweit der Sachverhalt auf sonstige Weise aufgeklärt ist, insbesondere nach der Durchführung eines anderen gesetzlich geordneten Verfahrens.

Im Sinne des § 4 SächsDG sind Ermittlungen im Rahmen des Disziplinarverfahrens beschleunigt durchzuführen. Neben den belastenden und entlastenden Umständen ist auch das Persönlichkeitsbild des Beamten zu erforschen. Die mit den Ermittlungen beauftragten Beamten sind gegenüber dem Dienstherrn weisungsgebunden. Ermittlungen sind entbehrlich, sofern der Sachverhalt im Rahmen eines anderen gesetzlich geordneten Verfahrens durchgeführt wurden (z. B. Strafverfahren).[150]

Auf neue Handlungen (Pflichtverstöße) kann das Disziplinarverfahren ausgedehnt werden, sofern noch keine Einstellungs- oder Disziplinarverfügung vorliegt oder noch keine Disziplinarverfügung erlassen wurde.

§ 19 SächsDG (Ausdehnung und Beschränkung)

(1) Das Disziplinarverfahren kann bis zum Erlass einer Entscheidung nach den §§ 32 bis 34 auf neue Handlungen ausgedehnt werden, die den Verdacht eines Dienstvergehens rechtfertigen. Die Ausdehnung ist aktenkundig zu machen.

(2) Das Disziplinarverfahren kann bis zum Erlass einer Entscheidung nach den §§ 32 bis 34 oder eines Widerspruchsbescheids nach § 42 beschränkt werden, indem solche Handlungen ausgeschieden werden, die für die Art und Höhe der zu erwartenden Disziplinarmaßnahme voraussichtlich nicht ins Gewicht fallen. Die Beschränkung ist aktenkundig zu machen. Die ausgeschiedenen Handlungen können nicht wieder in das Disziplinarverfahren einbezogen werden, es sei denn, die Voraussetzungen für die Beschränkung entfallen nachträglich. Werden die ausgeschiedenen Handlungen nicht wieder einbezogen, können sie nach dem unanfechtbaren Abschluss des Disziplinarverfahrens nicht Gegenstand eines neuen Disziplinarverfahrens sein.

Werden die Ermittlungen im Disziplinarverfahren ausgedehnt, so sind die neuen Vorwürfe dem Beamten bekannt zu machen und er ist erneut zu belehren.[151] Ebenso können einzelne Handlungen als Gegenstand des Disziplinarverfahrens ausgeschlossen werden (Beschränkung), wenn diese Handlungen aufgrund der Art und Höhe der zu erwartenden Disziplinarmaßnahme nicht wesentlich ins Gewicht fallen. Durch das Instrument der Beschränkung des Disziplinarverfahrens soll dem Beschleunigungsgebot Rechnung getragen werden. Ist eine Handlung des Beamten einmal aus den Ermittlungen ausge-

150 *Urban/ Wittkowski*, BDG, § 21, Rn. 2-3

151 *Ebert*, Das aktuelle Disziplinarverfahren, S. 59

schlossen, so darf sie nicht wieder in die Ermittlungen einbezogen werden oder Gegenstand eines neuen Ermittlungsverfahrens sein.[152]

4.5 Beweiserhebung im Disziplinarverfahren

Die in § 24 SächsDG getroffene Regelung ist ein zentrales Element des Disziplinarverfahrens.

§ 24 SächsDG (Beweiserhebung)

(1) Die erforderlichen Beweise sind zu erheben. Hierbei können insbesondere

1. schriftliche dienstliche Auskünfte eingeholt,
2. Zeugen und Sachverständige vernommen oder ihre schriftliche Äußerung eingeholt,
3. Urkunden und Akten beigezogen sowie
4. der Augenschein eingenommen

werden.

(2) Niederschriften über Aussagen von Personen, die schon in einem anderen gesetzlich geordneten Verfahren vernommen worden sind, sowie Niederschriften über einen richterlichen Augenschein können ohne erneute Beweiserhebung verwertet werden.

(3) Über einen Beweisantrag des Beamten ist nach pflichtgemäßem Ermessen zu entscheiden. Dem Beweisantrag ist stattzugeben, soweit er für die Tat- oder Schuldfrage oder für die Bemessung der Art und Höhe einer Disziplinarmaßnahme von Bedeutung sein kann.

(4) Dem Beamten ist Gelegenheit zu geben, an der Vernehmung von Zeugen und Sachverständigen sowie an der Einnahme des Augenscheins teilzunehmen und hierbei sachdienliche Fragen zu stellen. Er kann von der Teilnahme ausgeschlossen werden, soweit dies aus wichtigen Gründen, insbesondere mit Rücksicht auf den Zweck der Ermittlungen oder zum Schutz der Rechte Dritter, erforderlich ist. Ein schriftliches Gutachten ist ihm zugänglich zu machen, soweit nicht zwingende Gründe entgegenstehen.

Die beispielhafte Enumeration in § 24 SächsDG lässt der ermittelnden Behörde einen Spielraum in der Art und Weise der Ausgestaltung der Erhebung der Beweismittel. Das Disziplinarverfahren ist grundsätzlich offen zu führen, so dass der Beamte die Möglichkeit hat, Beweisthemen und Zeugen zu kennen und sachdienliche Beweiserhebungsanträge (§ 24 Abs. 3 SächsDG) zu stellen. Hierzu gehört auch, dass der Beamte rechtzeitig über Beweismittel, Zeugen, etc. informiert wird (§ 24 Abs. 4 SächsDG).[153]

152 *Urban/ Wittkowski*, BDG, § 19, Rn. 6

153 BVerwG, Beschl. vom 18.11.2008 – 2 B 63.08 –, Rn. 7

§ 24 Abs. 2 SächsDG bestimmt, dass Niederschriften von Aussagen (Vernehmungen und Anhörbögen) aus anderen gesetzlichen Verfahren (beispielsweise Strafverfahren), die von einem Richter in Augenschein genommen wurden, im Disziplinarverfahren ohne eine erneute Durchführung dieser Aussagen verwertet werden dürfen.

4.6 Abschlussanhörung des Beamten und Abgabe

§ 30 SächsDG (Abschließende Anhörung)

Nach der Beendigung der Ermittlungen ist dem Beamten Gelegenheit zu geben, sich abschließend zu äußern; § 20 Abs. 2 gilt entsprechend. Die Anhörung kann unterbleiben, wenn das Disziplinarverfahren nach § 32 Abs. 2 Nr. 2 oder 3 eingestellt werden soll.

4.7 Entscheidungen im Disziplinarverfahren

Eine schematische Lösung für die Entscheidung, welche Disziplinarmaßnahme für ein Dienstvergehen in Betracht kommt, ist nicht möglich. Vielmehr muss jeder Fall unter Berücksichtigung des Grundsatzes der Verhältnismäßigkeit beleuchtet werden.[154]

Zur Verhängung einer Disziplinarmaßnahme genügt der reine Verdacht des Vorliegens eines Dienstvergehens nicht. Vielmehr muss dem Beamten nachgewiesen werden, dass er das Dienstvergehen tatsächlich begangen hat.[155]

§ 32 SächsDG (Einstellungsverfügung)

(1) Das Disziplinarverfahren wird eingestellt, wenn
1. ein Dienstvergehen nicht erwiesen ist,
2. ein Dienstvergehen zwar erwiesen ist, eine Disziplinarmaßnahme jedoch nicht angezeigt erscheint,
3. nach den §§ 14 oder 15 eine Disziplinarmaßnahme nicht ausgesprochen werden darf oder
4. das Disziplinarverfahren oder eine Disziplinarmaßnahme aus sonstigen Gründen unzulässig ist.

(2) Das Disziplinarverfahren wird ferner eingestellt, wenn
1. stirbt,
2. das Beamtenverhältnis durch Entlassung, Verlust der Beamtenrechte oder Entfernung endet oder

154 BVerfG Beschl. vom 19.2.2003 – 2 BvR 1413/01 –
155 BVerwG, Beschl. vom 11.12.2007 – 1 D 7.06 –

3. bei einem Ruhestandsbeamten die Folgen einer gerichtlichen Entscheidung nach § 68 SächsBeamtVG eintreten.
(3) Die Einstellungsverfügung ist zu begründen und zuzustellen.

§ 33 SächsDG (Disziplinarverfügung)

(1) Ist ein Verweis, eine Geldbuße, eine Kürzung der Dienstbezüge oder eine Kürzung des Ruhegehaltes angezeigt, wird eine solche Maßnahme durch Disziplinarverfügung ausgesprochen.
(2) Jeder Dienstvorgesetzte ist zu Verweisen und zur Verhängung von Geldbußen gegen die ihm unterstellten Beamten befugt.
(3) Kürzungen der Dienstbezüge können festsetzen:
1. die oberste Dienstbehörde bis zum Höchstmaß und
2. die der obersten Dienstbehörde unmittelbar nachgeordneten Dienstvorgesetzten bis zu einer Kürzung um ein Fünftel der Dienstbezüge auf zwei Jahre.
(4) Kürzungen des Ruhegehaltes bis zum Höchstmaß kann der nach § 87 zur Ausübung der Disziplinarbefugnisse zuständige Dienstvorgesetzte festsetzen.
(5) Die oberste Dienstbehörde kann ihre Befugnisse nach Absatz 3 Nr. 1 durch Rechtsverordnung ganz oder teilweise auf nachgeordnete Dienstvorgesetzte übertragen.
(6) Die Disziplinarverfügung ist zu begründen und zuzustellen.

§ 34 SächsDG (Disziplinarklage)

(1) Soll gegen den Beamten auf Zurückstufung, auf Entfernung aus dem Beamtenverhältnis oder auf Aberkennung des Ruhegehaltes erkannt werden, ist gegen ihn Disziplinarklage zu erheben.
(2) Die Disziplinarklage wird bei Beamten durch die oberste Dienstbehörde, bei Ruhestandsbeamten durch den nach § 87 zur Ausübung der Disziplinarbefugnis zuständigen Dienstvorgesetzten erhoben. Die oberste Dienstbehörde kann ihre Befugnisse nach Satz 1 durch Rechtsverordnung ganz oder teilweise auf nachgeordnete Dienstvorgesetzte übertragen. § 17 Abs. 1 Satz 2 sowie Abs. 3 und 4 gilt entsprechend.

In § 5 SächsDG sind die Disziplinarmaßnahmen gegen im Dienst befindliche Beamte abschließend (nach der Schwere bzw. Intensität nach) geregelt:

§ 5 SächsDG (Arten der Disziplinarmaßnahmen)

(1) Disziplinarmaßnahmen gegen Beamte sind:
1. Verweis,
2. Geldbuße,
3. Kürzung der Dienstbezüge,
4. Zurückstufung und
5. Entfernung aus dem Beamtenverhältnis.

(2) Disziplinarmaßnahmen gegen Ruhestandsbeamte sind:
1. Kürzung des Ruhegehaltes und
2. Aberkennung des Ruhegehaltes.
(3) Bei Ehrenbeamten sind nur Verweis, Geldbuße, Kürzung einer Aufwandsentschädigung und Entfernung aus dem Dienst möglich.

(4) Beamten auf Probe und Beamten auf Widerruf können nur Verweise erteilt und Geldbußen auferlegt werden. Für die Entlassung von Beamten auf Probe und Beamten auf Widerruf wegen eines Dienstvergehens gelten § 23 Abs. 3 Satz 1 Nr. 1 und Abs. 4 BeamtStG sowie § 43 Abs. 3 Satz 1 SächsBG entsprechend.

Ausnahmen gelten gem. § 5 Abs. 3 SächsDG für Ehrenbeamte. Gegen diese kann nur ein Verweis, Geldbuße, Kürzung der Aufwandsentschädigung und die Entfernung aus dem Dienst verhängt werden.

Von Bedeutung ist ebenfalls § 5 Abs. 4 SächsDG. Gegen Beamte auf Probe oder auf Widerruf können nur Verweise erteilt und Geldbußen auferlegt werden. Für die Entlassung von Beamten auf Probe und Beamten auf Widerruf wegen eines Dienstvergehens gelten § 23 Abs. 3 Satz 1 Nr. 1 und Abs. 4 BeamtStG sowie § 43 Abs. 3 Satz 1 SächsBG entsprechend.

§ 13 SächsDG bestimmt, dass Disziplinarmaßnahmen nach pflichtgemäßem Ermessen zu bestimmen sind. Die Disziplinarmaßnahme ist insbesondere nach der Schwere des Dienstvergehens, der Beeinträchtigung des Vertrauens des Dienstherrn oder der Allgemeinheit in den Beamten, dem Persönlichkeitsbild und dem bisherigen dienstlichen Verhalten des Beamten zu bemessen.

4.7.1 § 6 SächsDG Verweis

§ 6 SächsDG (Verweis)

Der Verweis ist der schriftliche Tadel eines bestimmten Verhaltens des Beamten. Missbilligende Äußerungen wie Zurechtweisungen, Ermahnungen oder Rügen, die nicht ausdrücklich als Verweis bezeichnet werden, sind keine Disziplinarmaßnahmen.

Die mildeste Disziplinarmaßnahme ist der Verweis. Ein Verweis ist angebracht, wenn es sich bei der Dienstpflichtverletzung um eine solche handelt, welche sich im unteren Bereich bewegt.[156]

Eine Missbilligung bezeichnet einen i. d. R. schriftlichen Tadel gegenüber einem Beamten bei einer Dienstpflichtverletzung von geringer Schwere. Rechtsgrundlage für eine solche Maßnahme ist die allgemeine Weisungsbefugnis des Dienstherrn.[157]

---

156 BayVGH München, Urt. vom 4.6.2014 – 16b D 13.707 –, Rn. 81
157 SächsOVG, Urt. vom 18.2.2014 – 2 A 448.12 –, Rn. 26

4.7.2 § 7 SächsDG Geldbuße

§ 7 SächsDG (Geldbuße)

Die Geldbuße kann bis zur Höhe der monatlichen Dienst- oder Anwärterbezüge des Beamten verhängt werden. Bei Beamten, die Gebühren beziehen, berechnen sich die Dienstbezüge nach einem monatlichen Pauschbetrag, der sich aus dem Durchschnitt der Gebühren abzüglich etwaiger Staatsanteile zuzüglich etwaiger Dienstbezüge der letzten sechs Monate vor Erlass der Disziplinarverfügung ergibt. Hat der Beamte keine Dienst- oder Anwärterbezüge oder hat er sie nur während der Dauer eines Beschäftigungsauftrags, darf die Geldbuße bis zu einem Betrag von 500 EUR verhängt werden.

Eine Geldbuße kann durch Disziplinarverfügung oder durch ein Urteil in einem gerichtlichen Disziplinarverfahren ausgesprochen werden.

4.7.3 § 8 SächsDG Kürzung der Dienstbezüge oder einer Aufwandsentschädigung

§ 8 SächsDG (Kürzung der Dienstbezüge oder einer Aufwandsentschädigung)

(1) Die Kürzung der Dienstbezüge ist die bruchteilmäßige Verminderung der monatlichen Dienstbezüge des Beamten um höchstens ein Fünftel auf längstens drei Jahre. Sie erstreckt sich auf alle Ämter, die der Beamte bei Eintritt der Unanfechtbarkeit der Entscheidung innehat. Hat der Beamte aus einem früheren öffentlich-rechtlichen Dienstverhältnis einen Versorgungsanspruch erworben, bleibt dieser von der Kürzung der Dienstbezüge unberührt.

(2) Die Kürzung der Dienstbezüge beginnt mit dem Kalendermonat, der auf den Eintritt der Unanfechtbarkeit der Entscheidung folgt. Tritt der Beamte vor Eintritt der Unanfechtbarkeit der Entscheidung in den Ruhestand, gilt eine entsprechende Kürzung des Ruhegehaltes als festgesetzt. Tritt der Beamte während der Dauer der Kürzung der Dienstbezüge in den Ruhestand, wird sein Ruhegehalt entsprechend wie die Dienstbezüge für den restlichen Zeitraum gekürzt. Sterbegeld sowie Witwen- und Waisengeld werden nicht gekürzt.

(3) Die Kürzung der Dienstbezüge wird gehemmt, solange der Beamte ohne Dienstbezüge beurlaubt ist. Er kann jedoch für die Dauer seiner Beurlaubung den Kürzungsbetrag monatlich vorab an den Dienstherrn entrichten; die Dauer der Kürzung der Dienstbezüge nach der Beendigung der Beurlaubung verringert sich entsprechend.

(4) Während der Dauer der Kürzung der Dienstbezüge darf eine Beförderung nicht vorgenommen werden. Dieser Zeitraum kann in der Entscheidung abgekürzt werden, sofern dies im Hinblick auf die Dauer des Disziplinarverfahrens angezeigt ist.

(5) Die Rechtsfolgen der Kürzung der Dienstbezüge erstrecken sich auch auf ein neues Beamtenverhältnis. Hierbei steht bei Anwendung des Absatzes 4 die Einstellung in einem höheren als dem bisherigen Amt der Beförderung gleich.

(6) Die Kürzung einer Aufwandsentschädigung ist die bruchteilmäßige Verminderung der monatlichen Aufwandsentschädigung eines Ehrenbeamten um höchstens ein Fünftel auf längstens drei Jahre. Absatz 1 Satz 2 und 3, Absatz 2 Satz 1 und Absatz 5 Satz 1 gelten entsprechend.

Die Kürzung der Dienstbezüge darf nur so hoch sein, dass der Beamte und seine Familie nicht in eine unzumutbare Notlage geraten.[158] Die Dienstbezüge dürfen maximal um ein Fünftel auf drei Jahre gekürzt werden. Durch die Rechtsprechung wurde ein Regelkürzungssatz geschaffen:

- LG 1, 1. EE / Einfacher Dienst / 1. QE[159]: ein Fünfundzwanzigstel,
- LG 1, 2. EE / Mittlerer Dienst / 2. QE: ein Zwanzigstel,
- LG 2, 1. und 2. EE / Gehobener und höherer Dienst / 3. und 4. QE: ein Zehntel.[160]

4.7.4 § 9 SächsDG Zurückstufung

§ 9 SächsDG (Zurückstufung)

(1) Die Zurückstufung ist die Versetzung des Beamten in ein Amt derselben Laufbahn mit geringerem Endgrundgehalt. Der Beamte verliert alle Rechte aus seinem bisherigen Amt einschließlich der damit verbundenen Dienstbezüge und der Befugnis, die bisherige Amtsbezeichnung zu führen. Soweit in der Entscheidung nichts anderes bestimmt ist, enden mit der Zurückstufung auch die Ehrenämter und die Nebentätigkeiten, die der Beamte im Zusammenhang mit dem bisherigen Amt oder auf Verlangen, Vorschlag oder Veranlassung seines Dienstvorgesetzten übernommen hat.

(2) Die Dienstbezüge aus dem neuen Amt werden von dem Kalendermonat an gezahlt, der dem Eintritt der Unanfechtbarkeit der Entscheidung folgt. Tritt der Beamte vor Eintritt der Unanfechtbarkeit der Entscheidung in den Ruhestand, erhält er Versorgungsbezüge nach der in der Entscheidung bestimmten Besoldungsgruppe.

(3) Dem Beamten darf frühestens fünf Jahre nach Eintritt der Unanfechtbarkeit der Entscheidung ein Amt mit höherem Endgrundgehalt verliehen werden. Der Zeitraum kann in der Ent-

158 VG Düsseldorf, Urt. vom 15.4.2019 – 38 K 280 / 19.BDG –, Rn. 67.
159 In Bayern
160 *Urban/ Wittkowski*, BDG, § 8, Rn. 7

scheidung verkürzt werden, sofern dies im Hinblick auf die Dauer des Disziplinarverfahrens angezeigt ist.

(4) Die Rechtsfolgen der Zurückstufung erstrecken sich auch auf ein neues Beamtenverhältnis zu demselben oder zu einem anderen Dienstherrn, für dessen Beamte das Sächsische Beamtengesetz gilt. Hierbei steht bei Anwendung des Absatzes 3 die Einstellung in einem höheren Amt als dem, in das der Beamte zurückgestuft wurde, der Verleihung eines Amtes mit höherem Endgrundgehalt gleich.

Die Maßnahme der Zurückstufung wird umgangssprachlich häufig als *Degradierung* bezeichnet. Im Rahmen einer Zurückstufung wird der Beamte in ein Amt derselben Laufbahn mit niedrigerem Endgrundgehalt versetzt.

Beispiel:

ROI Meier wird aufgrund einer erheblichen Pflichtverletzung in das Amt des Regierungsinspektors zurückgestuft.

Eine erneute Beförderung / Leistungsstufe ist grundsätzlich erst nach fünf Jahren wieder möglich, sofern in einem gerichtlichen Urteil nichts anderes bestimmt wurde. Mit einer Zurückstufung verliert der Beamte auch den Anspruch auf die Bezüge aus dem vorherigen Amt.

Eine laufbahnübergreifende Zurückstufung ist nicht möglich.

4.7.5 § 10 SächsDG Entfernung aus dem Beamtenverhältnis

§ 10 SächsDG (Entfernung aus dem Beamtenverhältnis)

(1) Mit der Entfernung aus dem Beamtenverhältnis endet das Dienstverhältnis. Der Beamte verliert die Ansprüche auf Besoldung und Versorgung sowie die Befugnis, die Amtsbezeichnung und die im Zusammenhang mit dem Amt verliehenen Titel zu führen und die Dienstkleidung zu tragen.

(2) Die Zahlung der Besoldung wird mit dem Ende des Kalendermonats eingestellt, in dem die Entscheidung unanfechtbar wird. Tritt der Beamte in den Ruhestand, bevor die Entscheidung über die Entfernung aus dem Dienst unanfechtbar wird, gilt die Entscheidung als Aberkennung des Ruhegehaltes.

(3) Der aus dem Beamtenverhältnis entfernte Beamte erhält für die Dauer von sechs Monaten einen Unterhaltsbeitrag in Höhe von 50 Prozent der Dienstbezüge, die ihm bei Eintritt der Unanfechtbarkeit der Entscheidung zustehen; eine Einbehaltung von Dienstbezügen nach § 38 Abs. 2 bleibt unberücksichtigt. Die Gewährung des Unterhaltsbeitrags kann in der Entscheidung ganz oder teilweise ausgeschlossen werden, soweit der Beamte ihrer nicht würdig oder den erkennba-

ren Umständen nach nicht bedürftig ist. Sie kann in der Entscheidung über sechs Monate hinaus verlängert werden, soweit dies zur Vermeidung einer unbilligen Härte notwendig ist; der Beamte hat die Umstände glaubhaft zu machen. Für die Zahlung des Unterhaltsbeitrags gilt § 80.

(4) Die Entfernung aus dem Beamtenverhältnis und ihre Rechtsfolgen erstrecken sich auf alle Ämter, die der Beamte bei einem Dienstherrn, für dessen Beamte das Sächsische Beamtengesetz gilt, bei Eintritt der Unanfechtbarkeit der Entscheidung bekleidet.

(5) Wird ein Beamter, der früher in einem anderen Dienstverhältnis bei einem Dienstherrn im Freistaat Sachsen gestanden hat, aus dem Beamtenverhältnis entfernt, verliert er auch die Ansprüche aus dem früheren Dienstverhältnis, wenn diese Disziplinarmaßnahme wegen eines Dienstvergehens ausgesprochen wird, das in dem früheren Dienstverhältnis begangen wurde.

(6) Ist ein Beamter aus dem Beamtenverhältnis entfernt worden, darf er nicht wieder zum Beamten ernannt werden; es soll auch kein anderes Beschäftigungsverhältnis begründet werden.

Das schärfste Schwert der Disziplinarmaßnahmen stellt die Entfernung aus dem Beamtenverhältnis dar. Haben der Dienstherr und die Allgemeinheit durch die Handlung des Beamten das Vertrauen in diesen endgültig verloren, so ist der Beamte aus dem Beamtenverhältnis zu entfernen. Ist ein Beamter aus dem Beamtenverhältnis entfernt worden, so darf er nicht wieder in ein Beamtenverhältnis anderer Art oder in ein anderes Beschäftigungsverhältnis (bei demselben Dienstherrn) übernommen werden.[161] Dies ergibt sich aus § 10 Abs. 6 SächsDG.

4.8 Maßnahmenverbot wegen Zeitablaufs

§ 15 SächsDG (Disziplinarmaßnahmeverbot wegen Zeitablaufs)

(1) Sind seit der Vollendung eines Dienstvergehens mehr als zwei Jahre vergangen, darf ein Verweis nicht mehr erteilt werden.

(2) Sind seit der Vollendung eines Dienstvergehens mehr als drei Jahre vergangen, darf eine Geldbuße, eine Kürzung der Dienstbezüge oder eine Kürzung des Ruhegehaltes nicht mehr ausgesprochen werden.

(3) Sind seit der Vollendung eines Dienstvergehens mehr als fünf Jahre vergangen, darf eine Zurückstufung nicht mehr ausgesprochen werden.
[...]

161 *Ebert*, Das aktuelle Disziplinarverfahren, S. 125-126

Im Disziplinarverfahren können gewisse Maßnahmen nur in einem bestimmten Zeitraum nach der Begehung eines Dienstvergehens verhängt werden. Die Fristen werden durch Einleitung eines Disziplinarverfahrens oder Erhebung einer Disziplinarklage gehemmt.

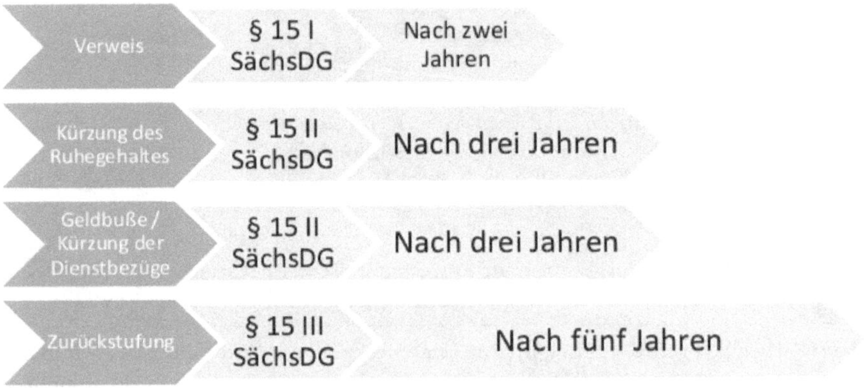

Maßnahmenverbot im Disziplinarverfahren

4.9 Tilgung im Disziplinarverfahren

§ 16 SächsDG (Verwertungsverbot, Entfernung aus der Personalakte)

(1) Ein Verweis darf nach zwei Jahren, eine Geldbuße, eine Kürzung der Dienstbezüge und eine Kürzung des Ruhegehaltes dürfen nach drei Jahren und eine Zurückstufung darf nach fünf Jahren bei weiteren Disziplinarmaßnahmen und bei sonstigen Personalmaßnahmen nicht mehr berücksichtigt werden (Verwertungsverbot). Der Beamte gilt nach dem Eintritt des Verwertungsverbots als von der Disziplinarmaßnahme nicht betroffen.
[...]

Eine gegen den Beamten verhängte Disziplinarmaßnahme wird in dessen Personalakte dokumentiert. § 16 SächsDG regelt das zeitliche Verbleiben des Eintrages einer Disziplinarmaßnahme in der Personalakte. Diese Norm ist eine Schutzvorschrift für den Beamten. Die sogenannte Tilgung der Disziplinarmaßnahmen wirkt insofern wie ein Verwertungsverbot, nachdem bestimmte Maßnahmen nach zeitlichem Ablauf nicht mehr zu Ungunsten des Beamten bei anderen Disziplinar- oder Personalmaßnahmen gewertet werden dürfen. [162]

162 *Kowalczyk-Schaarschmidt*, Wissenstest Beamtenrecht, S. 156 ff.

Begriff Personalmaßnahmen:
alle Entscheidungen, die den Beamten in seinem persönlichen Rechtskreis betreffen und im Ermessen des Dienstherrn stehen
Beispiele: Beförderungen, Beurteilungen oder Aufstiegsverfahren.

Ist eine Maßnahme aus der Personalakte getilgt, so ist der Beamte rehabilitiert (§ 16 Abs. 1 Satz 2 SächsDG). Das Verwertungsverbot tritt nach Ablauf folgender Fristen ein:

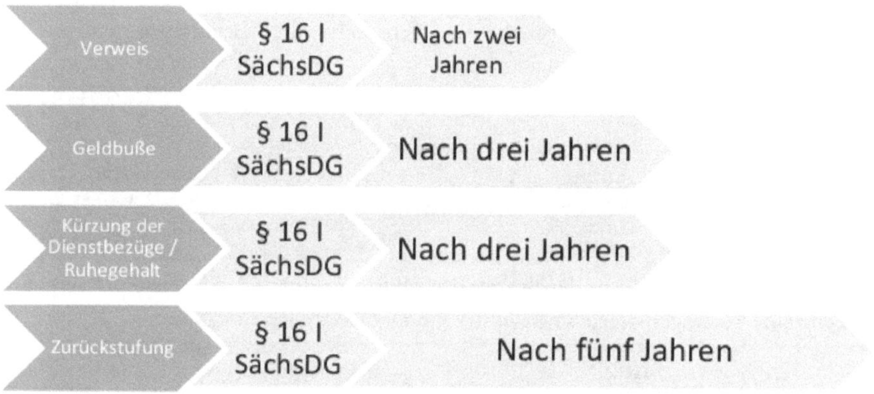

Tilgung im Disziplinarverfahren

Nicht berücksichtigt in § 16 SächsDG ist die Entfernung aus dem Beamtenverhältnis, da dies entbehrlich ist, weil das Beamtenverhältnis beendet wurde und daher keine beamtenrechtlichen Entscheidungen mehr gegen den Beamten erfolgen können.
Die Fristen beginnen mit der Unanfechtbarkeit der Entscheidung zu laufen.

Kapitel 7 – Rechte der Beamten

1. Überblick

Als Gegenstück zu den weitreichenden Dienst- und Treuepflichten der Beamten besteht eine umfassende Fürsorgepflicht des Dienstherrn dem Beamten gegenüber, die ausdrücklich in § 45 BeamtStG geregelt ist.

> **§ 45 BeamtStG (Fürsorge)**
> Der Dienstherr hat im Rahmen des Dienst- und Treueverhältnisses für das Wohl der Beamtinnen und Beamten und ihrer Familien, auch für die Zeit nach Beendigung des Beamtenverhältnisses, zu sorgen. Er schützt die Beamtinnen und Beamten bei ihrer amtlichen Tätigkeit und in ihrer Stellung.

Aus dem umfassenden Recht der Beamten auf Fürsorge durch den Dienstherrn ergeben sich einzelne vermögenswerte und nicht-vermögenswerte Rechte:

vermögenswerte Rechte	nicht-vermögenswerte Rechte
Alimentationsprinzip Recht auf Besoldung Recht auf Versorgung sonstige geldwerte Rechte	Recht auf Fürsorge und Schutz Recht in Bezug auf das Amt Recht auf NebentätigkeitRecht auf Urlaub Recht in Bezug auf Personalakten Recht auf gewerkschaftliche Betätigung Recht auf Zeugniserteilung

2. Vermögenswerte Rechte

2.1 Alimentationsprinzip

Besoldung und Versorgung beruhen auf dem Alimentationsprinzip. Danach erhält der Beamte einen **amtsangemessenen Unterhalt** für sich und seine Familie als Ausgleich dafür, dass er sich mit seiner ganzen Persönlichkeit dem Dienst zur Verfügung stellt. Eine ange-

messene Mindestalimentation muss eine Lebensführung über dem Niveau der Sozialhilfe gewährleisten.[163] Besoldung und Versorgung sind von Amts wegen im Voraus zu zahlen.
Das Alimentationsprinzip ist ein hergebrachter Grundsatz des Berufsbeamtentums.

2.2 Recht auf Besoldung

Die Besoldung der Beamten, Richter und Soldaten wurde in den Jahren 1974 bis 2006 bundeseinheitlich durch Bundesgesetz mit Zustimmung des Bundesrates geregelt. Mit der Änderung des Grundgesetzes vom 28.8.2006 erfolgte die Übertragung der Gesetzgebungskompetenz für die Besoldung mit Wirkung ab September 2006 auf den Bund und die Länder jeweils eigenständig. Der Bund hat mit dem Bundesbesoldungsgesetz (BBesG – neu – ab Juli 2009) seine Kompetenz für seine Beamten ausgeübt. Auch die Bundesländer haben zwischenzeitlich Landesbesoldungsgesetze für ihre Beamten bzw. die Beamten der Kommunen erlassen oder, falls nicht, wird das Bundesbesoldungsgesetz in Landesrecht überführt.

Sachsen hat von seinem Gesetzgebungsrecht Gebrauch gemacht und das **SächsBesG** erlassen.

Die Besoldung der Beamten muss durch Gesetz erfolgen – dies entspricht den hergebrachten Grundsätzen des Berufsbeamtentums. Sie orientiert sich ausschließlich am verliehenen statusrechtlichen Amt, nicht an der tatsächlich ausgeübten Tätigkeit (konkret-funktionales Amt). Für jedes statusrechtliche Amt gibt es eine Amtsbezeichnung und eine Besoldungsgruppe.

Beispiel:
Regierungsoberinspektor, Besoldungsgruppe A 10

Die Besoldung setzt sich aus Dienstbezügen und sonstigen Bezügen zusammen, § 2 Abs. 1 und Abs. 2 SächsBesG.
Gemäß § 2 Abs. 1 SächsBesG gehören zu den Dienstbezügen:

1. Grundgehalt,
2. Leistungsbezüge für Professoren sowie hauptberufliche Leiter und Mitglieder von Leitungsgremien an Hochschulen,
3. Familienzuschlag,
4. Zulagen,

163 BVerfG, Beschl. vom 4.5.2020 – 2 BvL 4/18 – (Ergangen auf Vorlagebeschl. des BVerwG), Richterbesoldung im Land Berlin in den Jahren 2009 bis 2015 in verfassungswidriger Weise zu niedrig bemessen, in: NVwZ-Beilage 2020, 90

5. Vergütungen,
6. Zuschläge und
7. Auslandsbesoldung

Zu den sonstigen Bezügen gehören gem. § 2 Abs. 2 SächsBesG:

1. Leistungsstufen, Leistungsprämien und Ausgleichspauschale,
2. Anwärterbezüge und
3. vermögenswirksame Leistungen.

Die Ämter der Beamten und ihre Besoldungsgruppen sind in der Besoldungsordnung A – aufsteigende Gehälter – (Anlage 1) und der Besoldungsordnung B – feste Gehälter – (Anlage 2) geregelt. Die Grundgehaltssätze der Besoldungsgruppen sind in der Anlage 5 ausgewiesen.

Die Besoldungsgruppe A (aufsteigende Gehälter) enthält die Besoldungsgruppen A4 bis A16, siehe Anlage 1 zum SächsBesG.

Weiterhin gibt es die

- **Besoldungsordnung B (Spitzenämter m. festen Grundgehältern)**
= umfasst die Besoldungsgruppen B2 bis B11 (siehe Anlage 2 zum SächsBesG)
- **Besoldungsordnung R (Richter und Staatsanwälte), § 32 f. SächsBesG**
= umfasst die Besoldungsgruppen R1 bis R8 (siehe Anlage 3 zum SächsBesG)
- **Besoldungsordnung W (Professoren an Hochschulen), § 34 ff. SächsBesG**
= umfasst die Besoldungsgruppen W1 bis W3 (siehe Anlage 4 zum SächsBesG)

2.3 Recht auf Versorgung

Die Versorgung umfasst die Sicherstellung eines angemessenen Lebensunterhalts des Beamten, seiner Familienangehörigen und Hinterbliebenen. Die Beamtenversorgung ist im sächsischen Beamtenversorgungsgesetz (SächsBeamtVG) geregelt. Versorgungsempfänger sind u. a. die Ruhestandsbeamten, die früheren Beamten (entlassene Beamte) sowie die Hinterbliebenen. Wesentlicher Bestandteil der Versorgung ist das Ruhegehalt. Zu den Versorgungsbezügen zählen nach § 3 SächsBeamtVG:

1. Ruhegehalt oder Unterhaltsbeitrag,
2. Hinterbliebenenversorgung,
3. Bezüge bei Verschollenheit,
4. Unfallfürsorge,
5. Übergangsgeld,
6. familien- und pflegebezogene Leistungen (§§ 55 bis 60),
7. Einmalzahlungen, soweit sie nach Unterabschnitt 10 gewährt werden,

8. sonstige Leistungen, die nach den Übergangsvorschriften des Unterabschnitts 12 nach früherem Recht gewährt werden und nach diesem Recht Versorgungsbezüge waren, und
9. Ausgleich bei besonderen Altersgrenzen.

Details finden sich u. a. in der Verwaltungsvorschrift des Sächsisches Staatsministerium der Finanzen (SMF)zum Vollzug des Sächsischen Beamtenversorgungsgesetzes (VwV SächsBeamtVG) vom 15.10.2016.

2.4 Sonstige, geldwerte Rechte

2.4.1 Reisekosten

Das sächsische Gesetz über die Reisekostenvergütung der Beamten und Richter (SächsRKG) regelt nach § 1 die Art und den Umfang der Erstattung von Auslagen für Dienstreisen (Reisekostenvergütung) der Landesbeamten, Richter im Landesdienst und der Beamten der Gemeinden, der Landkreise und der sonstigen der Aufsicht des Freistaates Sachsen unterstehenden Körperschaften, Anstalten und Stiftungen des öffentlichen Rechts sowie der in den Geltungsbereich dieses Gesetzes abgeordneten Beamten und Richter.
Nach § 1 Abs. 2 SächsRKG umfasst die Reisekostenvergütung

1. Fahrt- und Flugkostenerstattung (§ 4),
2. Wegstrecken- und Mitnahmeentschädigung (§ 5),
3. Tagegeld, Aufwandsvergütung (§ 6),
4. Übernachtungskostenerstattung (§ 7),
5. Erstattung der Auslagen bei längerem Aufenthalt am Geschäftsort (§ 8),
6. Erstattung der Nebenkosten (§ 9 Abs. 1),
7. Erstattung der Auslagen für Reisevorbereitungen (§ 9 Abs. 2),
8. Pauschvergütung (§ 12 Abs. 4).

Nach § 1 Abs. 3 regelt das Gesetz ferner die Erstattung von

1. Auslagen aus Anlass der Abordnung (Trennungsgeld, § 15),
2. Auslagen für Ausbildungs- und Fortbildungsreisen, die teilweise im dienstlichen Interesse liegen (§ 16 Abs. 1),
3. Fahrtkosten für Fahrten zwischen Wohnung und regelmäßiger Dienststätte aus besonderem dienstlichem Anlass (§ 16 Abs. 2).

2.4.2 Umzugskosten

Beamten werden gemäß dem sächsischen Umzugskostengesetz auch die notwendigen Kosten für einen Umzug vergütet.
Die Umzugskostenvergütung umfasst gemäß § 5 SächsUKG:

1. Beförderungsauslagen (§ 6),
2. Reisekosten (§ 7),
3. Mietentschädigung (§ 8),
4. andere Auslagen (§ 9),
5. Pauschvergütung für sonstige Umzugsauslagen (§ 10),
6. Auslagen nach § 11.

2.4.3 Trennungsgeld

Berechtigte der Verordnung des Sächsischen Staatsministeriums der Finanzen über das Trennungsgeld der Beamten und Richter – SächsTGV – sind Landesbeamte, Richter im Landesdienst und Beamte der Gemeinden, der Landkreise und der sonstigen der Aufsicht des Freistaates Sachsen unterstehenden Körperschaften, Anstalten und Stiftungen des öffentlichen Rechts sowie zu diesen Dienstherren abgeordnete Beamte und Richter., s. § 1 Abs. 1 SächsTGV.
Trennungsgeld wird gem. § 1 Abs. 2 SächsTGV gewährt aus Anlass der

1. Versetzung aus dienstlichen Gründen,
2. Aufhebung einer Versetzung nach einem Umzug mit Zusage der Umzugskostenvergütung,
3. Verlegung der Beschäftigungsbehörde,
4. nicht nur vorübergehenden Zuteilung aus dienstlichen Gründen zu einem anderen Teil der Beschäftigungsbehörde,
5. Übertragung eines anderen Richteramtes nach § 32 Abs. 2 des Deutschen Richtergesetzes oder eines weiteren Richteramtes nach § 27 Abs. 2 des vorgenannten Gesetzes,
6. Teilabordnung mit mehr als 50 Prozent der im Einzelfall maßgeblichen regelmäßigen wöchentlichen Arbeitszeit, auch im Rahmen der Aus- und Fortbildung,
7. Abordnung, auch im Rahmen der Aus- und Fortbildung,
8. Zuweisung nach § 20 des Gesetzes zur Regelung des Statusrechts der Beamtinnen und Beamten in den Ländern (Beamtenstatusgesetz – BeamtStG) vom 17. Juni 2008 (BGBl. I S. 1010), in der jeweils geltenden Fassung,
9. vorübergehenden Zuteilung aus dienstlichen Gründen zu einem anderen Teil der Beschäftigungsbehörde,
10. vorübergehenden dienstlichen Tätigkeit bei einer anderen Stelle als einer Dienststelle,
11. Aufhebung oder Beendigung einer Maßnahme nach Nummer 7 bis 10 nach einem Umzug mit Zusage der Umzugskostenvergütung,
12. Versetzung mit Zusage der Umzugskostenvergütung nach § 4 Abs. 2 Nr. 3 des Sächsischen Umzugskostengesetzes,
13. Einstellung mit Zusage der Umzugskostenvergütung,

14. Einstellung ohne Zusage der Umzugskostenvergütung bei vorübergehender Dauer des Dienstverhältnisses, der vorübergehenden Verwendung am Einstellungsort oder während der Probezeit,
15. Räumung einer Dienstwohnung auf dienstliche Weisung, solange der zur Führung eines Haushalts notwendige Teil der Wohnungseinrichtung untergestellt werden muss.

3. Nicht-Vermögenswerte Rechte

3.1 Recht auf Fürsorge und Schutz

Der Dienstherr hat gem. § 45 BeamtStG im Rahmen des Dienst- und Treueverhältnisses für das Wohl des Beamten und seiner Familie, auch für die Zeit nach Beendigung des Beamtenverhältnisses, zu sorgen. Der Grundsatz der Fürsorgepflicht des Dienstherrn gegenüber dem Beamten gehört zu den hergebrachten Grundsätzen des Berufsbeamtentums gem. Art. 33 Abs. 5 GG. Da die Fürsorgepflicht eine Generalklausel darstellt, ist eine umfassende Festlegung aller Einzelpflichten des Dienstherrn nicht möglich. Die Fürsorgepflicht hat demnach eine Auffangfunktion.

Beispiel:

In den Räumlichkeiten der Gemeinde funktionieren seit einigen Tagen die Heizungen der Unterkunftsgebäude nicht mehr. Die Temperaturen bewegen sich deutlich unter dem Gefrierpunkt. Einige Kolleginnen und Kollegen sind dadurch bereits krank. Der Dienstherr beauftragt umgehend eine Heizungsfirma zur Behebung des Problems.

Das Recht auf Fürsorge und Schutz umfasst u. a.:

- Schutz von Leben und Gesundheit des Beamten bei seiner Dienstausübung
- Sichere und ordnungsgemäße Arbeitsplatzverhältnisse
- Schutz vor haftungsrechtlichen Forderungen von Dritten (Amtshaftung)
- Belehrung, Beratung und Aufklärung durch den Dienstherrn
- Fortbildung des Beamten
- Schutz vor jeder Einflussnahme von außen (z. B. Politik/Presse), die geeignet ist, den Beamten in der pflichtgemäßen Wahrnehmung der dienstlichen Aufgaben zu beeinträchtigen

3.2 Recht in Bezug auf das Amt

Gemäß § 85 SächsBG hat der Beamte ein Recht darauf, innerhalb und außerhalb des Dienstes eine Amtsbezeichnung zu führen. Die Amtsbezeichnung ist die Bezeichnung des statusrechtlichen Amtes, das dem Beamten erstmals mit seiner Einstellung als Beamter auf Probe verliehen wird. Beamte auf Widerruf haben kein Amt. Sie tragen keine Amtsbezeichnung, sondern eine Dienstbezeichnung. Von der Amtsbezeichnung zu unterscheiden ist die Funktionsbezeichnung, die sich auf den wahrgenommenen Dienstposten bezieht (z. B. Bürosachbearbeiter).

Beamte sind berechtigt, die Amtsbezeichnungen z. B. auf Haustürschildern, Briefumschlägen oder auf Grabsteinen zu verwenden. Ruhestandsbeamte sind berechtigt, ihre letzte Amtsbezeichnung mit dem Zusatz *außer Dienst (a. D.)* zu führen (§ 85 Abs. 2 SächsBG).

Gemäß § 85 Abs. 3 SächsBG kann die für die Entlassung zuständige Behörde einem entlassenen Beamten die Erlaubnis erteilen, die Amtsbezeichnung mit dem Zusatz „außer Dienst (a. D.)" sowie die im Zusammenhang mit dem Amt verliehenen Titel zu führen.

Hier gilt es jedoch, auf die VwV Beamtenverhältnis XI[164] hinzuweisen:

Die Erlaubnis, die Amtsbezeichnung sowie die im Zusammenhang mit dem Amt verliehenen Titel mit dem Zusatz „außer Dienst (a. D.)" zu führen, kann entlassenen Beamten erteilt werden, die als Beamte eine langjährige, in der Regel mindestens zehnjährige, Dienstzeit zurückgelegt oder bei kürzerer Dienstzeit so außergewöhnliche Verdienste erworben haben, dass die Erlaubnis zur Weiterführung der Amtsbezeichnung als besondere Auszeichnung gerechtfertigt erscheint. Es muss ausgeschlossen sein, dass der entlassene Beamte die Amtsbezeichnung missbräuchlich zu Wettbewerbszwecken im Erwerbsleben führt.

3.3 Recht auf Urlaub

Beamten steht gem. § 44 BeamtStG jährlicher Erholungsurlaub unter Fortgewährung der Bezüge zu.
Nach § 96 SächsBG regelt die Staatsregierung

1. die näheren Vorschriften über Dauer und Bewilligung des Erholungsurlaubs,
2. die Bewilligung von Urlaub aus anderen Anlässen und bestimmt dabei, ob und inwieweit die Besoldung während eines solchen Urlaubs zu belassen ist, und
3. die finanzielle Abgeltung von krankheitsbedingt nicht in Anspruch genommenem Urlaub durch Rechtsverordnung.

Details sind demnach in der Verordnung der Sächsischen Staatsregierung über den Urlaub, den Mutterschutz und die Elternzeit der Beamten und Richter im Freistaat Sachsen (Sächsische Urlaubs-, Mutterschutz- und Elternzeitverordnung – Sächs-UrlMuEltVO)

164 Siehe Verwaltungsvorschrift des Sächsischen Staatsministeriums des Innern zur Begründung und Beendigung eines Beamtenverhältnisses

enthalten. Diese Verordnung gilt für die Beamten und Richter des Freistaates Sachsen sowie für die Beamten der Gemeinden, Landkreise und sonstigen der Aufsicht des Freistaates Sachsen unterstehenden Körperschaften, Anstalten und Stiftungen des öffentlichen Rechts, siehe § 1 der Verordnung.

Der Erholungsurlaub beträgt für Beamte, deren regelmäßige wöchentliche Arbeitszeit auf fünf Tage in der Kalenderwoche verteilt ist, 30 Arbeitstage, § 4.

In 12 Sächs-UrlMuEltVO finden sich die Regelungen über Urlaub aus verschiedenen Anlässen, so z. B. die Niederkunft der Ehefrau oder der eingetragenen Lebenspartnerin. Hierfür besteht ein Anspruch von 1 Tag Sonderurlaub (§ 12 Abs. 1 Nr. 2a Sächs-UrlMuEltVO) .

3.4 Recht in Bezug auf Personalakten

§ 50 BeamtStG lautet:

> Für jede Beamtin und jeden Beamten ist eine Personalakte zu führen. Zur Personalakte gehören alle Unterlagen, die die Beamtin oder den Beamten betreffen, soweit sie mit dem Dienstverhältnis in einem unmittelbaren inneren Zusammenhang stehen (Personalaktendaten). Die Personalakte ist vertraulich zu behandeln. Personalaktendaten dürfen ohne Einwilligung der Beamtin oder des Beamten nur für Zwecke der Personalverwaltung oder Personalwirtschaft verarbeitet werden. Für Ausnahmefälle kann landesrechtlich eine von Satz 4 abweichende Verarbeitung vorgesehen werden.

Details sind in den §§ 111 ff. SächsBG zu finden:

- § 111 (Führung der Personalakte und Verarbeitung personenbezogener Daten),
- § 112 (Beihilfeakten),
- § 113 (Anhörung),
- § 114 (Auskunft an den betroffenen Beamten),
- § 115 (Übermittlung und Auskunft an nicht betroffene Personen),
- § 116 (Vernichtung von Unterlagen),

§ 114 SächsBG lautet:

> (1) Das Recht des Beamten auf Auskunft aus seiner Personalakte oder aus anderen Akten, die personenbezogene Daten über ihn enthalten und für das Dienstverhältnis verarbeitet werden, kann auch in Form der Einsichtnahme gewährt werden. Die personalaktenführende Behörde bestimmt, wo die Einsicht gewährt wird. [...]

3.4.1 Einsichtsrecht des Beamten

Der Gegenstand des Einsichtsrechts ist die vollständige Personalakte, unabhängig davon, wo diese aufbewahrt wird, und ungeachtet dessen, ob sämtliche den Beamten betreffenden Unterlagen äußerlich als Personalakte gekennzeichnet[165] sind. Dieser Grundsatz kann bei ärztlichen Äußerungen (z. B. Gesundheitszeugnis, Gutachten) vor dem Hintergrund des Fürsorgeprinzips eingeschränkt werden, sofern zu befürchten ist, dass der Beamte bei Kenntnis des Befundes weiteren Schaden an seiner Gesundheit nimmt.[166]

Der Beamte kann das Einsichtsrecht wiederholt[167] ausüben. Er muss hierfür keinen Grund angeben oder einen anderweitigen Nachweis erbringen.

Gemäß § 114 Abs. 1 Satz 2 SächsBG bestimmt die personalaktenführende Dienststelle, wie die Einsicht gewährt wird. Der Beamte hat grundsätzlich keinen Anspruch darauf, dass ihm sein Dienstherr die Einsicht in seine Personalakte an seinem vom Ort der aktenführenden Behörde verschiedenen Beschäftigungsort gestattet.[168]

Auf Verlangen wird eine vollständige oder teilweise Kopie zur Verfügung gestellt, sofern dies keinen unverhältnismäßigen zeitlichen oder personellen Aufwand verursacht, § 114 Abs. 2 SächsBG.

Weiterführend dazu die Verwaltungsvorschrift des Sächsischen Staatsministeriums des Innern über die Führung und Verwaltung von Personalakten der Beamten (Verwaltungsvorschrift Personalakten Beamte – VwV PersAktenB), Az.: 11-0300.30/404, vom 11. Dezember 1998.

3.4.2 Einsichtnahme durch Dritte

Personalvertretung:
Mitgliedern der Personalvertretung kann mit Zustimmung des Beamten Einsicht gewährt werden, wenn dienstliche Gründe nicht entgegenstehen. Diese Akteneinsicht soll nur aufgrund eines schriftlichen Antrags gewährt werden. Eine Beschränkung auf Teile der Personalakten ist möglich.[169]

Im Rahmen des Disziplinarverfahrens:
Die Vorlage von Personalakten und anderen Behördenunterlagen mit personenbezogenen Daten sowie die Erteilung von Auskünften aus diesen Akten und Unterlagen an die mit Disziplinarvorgängen befassten Stellen und die Verarbeitung oder Nutzung der so erhobenen personenbezogenen Daten im Disziplinarverfahren sind, soweit nicht andere Rechtsvorschriften entgegenstehen, auch gegen den Willen des Beamten oder der Beamtin oder anderer Betroffener zulässig, wenn und soweit die Durchführung des

165 Grund-, Teil- oder Nebenakte
166 BT-Drs. 12/544, S. 18
167 BVerwGE, 36, 134.
168 BayVGH ZBR 1990, 187
169 Verwaltungsvorschrift Personalakten Beamte vom 11. Dezember 1998 (SächsABl. 1999 S. 10), D II 3.

Disziplinarverfahrens dies erfordert und überwiegende Belange des Beamten oder der Beamtin, anderer Betroffener oder der ersuchten Stelle nicht entgegenstehen.

Strafgerichte:
Die Vorlage der Personalakte gegenüber den Strafgerichten erfolgt in der Regel dann, wenn der Tatvorwurf die Amtstätigkeit des Beamten betrifft und/oder falls dessen beruflicher Werdegang für die strafgerichtliche Würdigung bedeutsam sein kann.

Verwaltungsgerichte:
Im Rahmen sog. *Konkurrentenstreitigkeiten* können die Verwaltungsgerichte Personalakten und/oder Besetzungsvorgänge anfordern, sofern dies der Wahrheits- und Rechtsfindung dient.

3.5 Recht auf gewerkschaftliche Betätigung

Beamte haben das Recht, sich in Gewerkschaften oder Berufsverbänden zusammenzuschließen. Sie dürfen wegen Betätigung für ihre Gewerkschaft oder ihren Berufsverband nicht dienstlich gemaßregelt oder benachteiligt werden (§ 52 BeamtStG).

Kapitel 8 – Grundzüge des Haftungsrechts

1. Einleitung

Beispiel zum Thema Haftung (Einstieg):

Auf einer Dienstreise anlässlich einer Fortbildung nutzt der bei der Landesdirektion Sachsen tätige Regierungsoberinspektor (ROI) Huber das Dienst-Kfz seines Dienstherrn. Er raucht, obwohl dies nicht zugelassen ist, während der Fahrt eine Zigarette. Diese gleitet ihm aus den Fingern und fällt zu Boden. Er verreißt beim Bücken nach der Zigarette das Lenkrad und fährt in eine Gartenmauer eines Privatgrundstücks. Der Schaden an der Mauer beträgt **2.800 Euro.** Der Blechschaden am Dienstfahrzeug beträgt **1.000 Euro.** Die Unfallverursachung stellt ein grob fahrlässiges Verhalten des ROI Huber fest.

- Im **Innenverhältnis** gegenüber dem Dienstherrn entsteht ein Schadensersatzanspruch in Bezug auf das Dienstfahrzeug in Höhe von 1.000 Euro, sog. Eigenschaden.
- Im **Außenverhältnis** gegenüber dem Eigentümer der Gartenmauer entsteht ebenso ein Schadensersatzanspruch in Höhe von 2.800 Euro, sog. Fremdschaden.

Eine vermögensrechtliche Haftung eines Beamten entsteht bei der Nichterfüllung von Pflichten und eines dadurch verursachten Schadens durch den Beamten. Dies führt zu einer Schadensersatzpflicht des Beamten gem. § 48 S. 1 BeamtStG.

2. Haftung im Innenverhältnis

Der Beamte ist gem. § 48 S. 1 BeamtStG gegenüber dem Dienstherrn zum Schadensersatz verpflichtet (sog. Innenhaftung). Diese Regelung gilt nur im Binnenverhältnis und hat keine unmittelbare Außenwirkung gegenüber dem Bürger.[170] Die Haftung im Innenverhältnis gegenüber dem Dienstherrn regelt § 48 BeamtStG abschließend.

170 *Battis*, Bundesbeamtengesetz, § 75, Rn. 3 und 5

§ 48 BeamtStG (Pflicht zum Schadensersatz)
Beamtinnen und Beamte, die vorsätzlich oder grob fahrlässig die ihnen obliegenden Pflichten verletzen, haben dem Dienstherrn, dessen Aufgaben sie wahrgenommen haben, den daraus entstehenden Schaden zu ersetzen. Haben mehrere Beamtinnen oder Beamte gemeinsam den Schaden verursacht, haften sie als Gesamtschuldner.

Eine Haftung des Beamten gegenüber dem Bürger gibt es bei öffentlich-rechtlichem Tätigwerden nicht. Der Dienstherr haftet bei Ansprüchen des Bürgers für den Beamten (sog. **Außenhaftung**).
Durch eine Pflichtverletzung eines Beamten kann der Dienstherr entweder

- **unmittelbar** (Eigenschaden) oder
- **mittelbar** (Fremdschaden) geschädigt werden.

Ein mittelbarer Schaden des Dienstherrn ist daran zu erkennen, dass der Dienstherr infolge des vom Beamten verursachten Schadens einem Dritten Ersatz leisten muss.

Drei Voraussetzungen sind bei § 48 S. 1 BeamtStG zu prüfen!	
1. Voraussetzung	Beamteneigenschaft (§ 1 BeamtStG)
2. Voraussetzung	Verstoß gegen eine oder mehrere Beamtenpflichten
3. Voraussetzung	Vorsatz (=Wissen und Wollen der Pflichtverletzung) oder grobe Fahrlässigkeit = bedeutet die Außerachtlassung der erforderlichen Sorgfalt in besonders hohem Maße *(Grob fahrlässig handelt, wer nicht beachtet, was unter den gegebenen Umständen jedem einleuchten müsste!)*

Eine Pflicht zum Schadensersatz gegenüber dem Dienstherrn besteht immer dann, wenn der Beamte eine ihm obliegende Pflicht

vorsätzlich *oder* **grob fahrlässig** verletzt.

Um festzustellen, ob eine Schadensersatzpflicht besteht, muss gem. § 48 BeamtStG festgestellt werden, ob ein Beamter schuldhaft oder zumindest grob fahrlässig eine ihm obliegende Pflicht verletzt hat. Es muss ein Beamter im **statusrechtlichen Sinne** gehandelt haben.

Der ***Fahrlässigkeitsbegriff*** *bezieht sich auf ein individuelles Verhalten des Beamten. Dementsprechend muss stets unter Berücksichtigung der persönlichen Umstände, d. h. der individuellen Kenntnisse und Erfahrungen des Beamten, beurteilt werden, ob und in welchem Maß das Verhalten fahrlässig war. Grobe Fahrlässigkeit erfordert ein besonders schwerwiegendes und auch subjektiv schlechthin unentschuldbares Fehlverhalten,* *das über das gewöhnliche Maß an Fahrlässigkeit erheblich hinausgeht. Grob fahrlässig handelt derjenige, der die im Verkehr erforderliche Sorgfalt in ungewöhnlich schwerem Maße verletzt und dabei Überlegungen unterlässt und Verhaltenspflichten missachtet, die ganz naheliegen und im gegebenen Fall jedem hätten einleuchten müssen.*[171]

Folgende Beispiele sollen grob fahrlässiges Handeln bei der Verletzung einer Amtspflicht verdeutlichen:

- Falschbetankung eines Dienstfahrzeuges.[172]
- Nicht verkehrssicheres Abstellen eines Dienstfahrzeuges.[173]
- Diebstahl eines Navigationsgerätes aus einem Dienstfahrzeug.[174]

Vorsatz ist immer dann anzunehmen, wenn der Beamte den Pflichtverstoß zumindest billigend in Kauf genommen hat.

3. Haftung im Außenverhältnis

Nach § 839 Abs. 1 Bürgerliches Gesetzbuch (BGB) führt ein durch einen Beamten verursachter Schaden, der auf einer Verletzung einer einem Dritten gegenüber obliegenden Amtspflicht beruht, zu einem Schadensersatzanspruch. Art. 34 GG leitet diesen Anspruch gegen den Beamten auf den Staat bzw. die entsprechende Körperschaft über. Die Amtshaftungsansprüche bestehen demnach direkt gegenüber den jeweiligen Anstellungskörperschaften.[175]

Bei privatrechtlichem Tätigwerden (fiskalischem Handeln) oder bei Verletzung einer Amtspflicht haftet der Beamte gem. § 839 BGB.

§ 839 BGB (Haftung bei Amtspflichtverletzung)

(1) Verletzt ein Beamter vorsätzlich oder fahrlässig die ihm einem Dritten gegenüber obliegende Amtspflicht, so hat er dem Dritten den daraus entstehenden Schaden zu ersetzen. Fällt dem Beamten nur Fahrlässigkeit zur Last, so kann er nur dann in Anspruch genommen werden, wenn der Verletzte nicht auf andere Weise Ersatz zu erlangen vermag.

171 BVerwG, Urt. vom 2.2.2017 – 2 C 22.16 –, Rn. 14

172 BVerwG, Urt. vom 2.2.2017 – 2 C 22.16 –

173 BVerwG, Urt. vom 17.9.1964 – II C 147.61 –

174 BVerwG, Urt. vom 17.8.2008 – 2 A 8.07 –

175 Wissenschaftliche Dienste, Deutscher Bundestag, Sachstand, Amtshaftung bei fehlerhafter Fluggastkontrolle, Az. WD 3 – 3000 – 305/18, S. 3

(2) Verletzt ein Beamter bei dem Urteil in einer Rechtssache seine Amtspflicht, so ist er für den daraus entstehenden Schaden nur dann verantwortlich, wenn die Pflichtverletzung in einer Straftat besteht. Auf eine pflichtwidrige Verweigerung oder Verzögerung der Ausübung des Amts findet diese Vorschrift keine Anwendung.
(3) Die Ersatzpflicht tritt nicht ein, wenn der Verletzte vorsätzlich oder fahrlässig unterlassen hat, den Schaden durch Gebrauch eines Rechtsmittels abzuwenden.

Art. 34 GG

Verletzt jemand in Ausübung eines ihm anvertrauten öffentlichen Amtes die ihm einem Dritten gegenüber obliegende Amtspflicht, so trifft die Verantwortlichkeit grundsätzlich den Staat oder die Körperschaft, in deren Dienst er steht. Bei Vorsatz oder grober Fahrlässigkeit bleibt der Rückgriff vorbehalten. Für den Anspruch auf Schadensersatz und für den Rückgriff darf der ordentliche Rechtsweg nicht ausgeschlossen werden.

Amtspflichten sind alle persönlichen Verhaltenspflichten eines Amtsträgers im Rahmen seiner Amtsführung. Amtspflichten können durch Handeln oder Unterlassen eines Amtsträgers verletzt werden. Die gültigen Gesetze, Vorschriften, Richtlinien, etc. bilden die Grundlage der Amtspflichten.[176]
Aus der Rechtsprechung seien als Beispiele für Amtspflichten genannt:

- Amtspflicht zu rechtmäßigem Verhalten (Art. 20 Abs. 3 GG)
- Amtspflicht zur Unterlassung unerlaubter Handlungen i. S. v. 823 Abs. 1 BGB
- Amtspflicht zu zuständigkeits- und verfahrensgemäßem Verhalten
- Amtspflicht zur fehlerfreien Ermessensausübung
- Amtspflicht zu verhältnismäßigem Verhalten
- Amtspflicht zur Erteilung richtiger Auskünfte, Belehrungen, Hinweise, Warnungen

Beispiele für Pflichtverletzungen im Amtsverhältnis sind:

Fortgesetztes und systematisches Mobbing durch Vorgesetze im Rahmen der gemeinsamen Dienstausübung.[177]
Blaulichtfahrt ohne Martinshorn und Unfallverursachung beim Überfahren einer roten Ampel.[178]

176 WD 3 – 3000 – 305/18, S. 3.
177 BGH, Beschl. vom 1.8.2002 – III ZR 277/01 –
178 VG Potsdam, Urt. vom 24.2.2011 – 2 K 832/07 – und VG Münster, Urt. vom 5.9.2016 – 4 K 1534/15 –

Über § 839 I BGB wird im Rahmen der Außenhaftung eine persönliche Haftung des Beamten gegenüber dem geschädigten Dritten begründet. Eine Anspruchsgrundlage für den Bürger ergibt sich, wenn ein Beamter vorsätzlich oder fahrlässig eine ihm obliegende Amtspflicht gegenüber Dritten verletzt.

Wird in Ausübung der ihm anvertrauten öffentlichen Gewalt einem Dritten gegenüber die dem Beamten obliegende Amtspflicht verletzt, so wird gem. Art. 34 GG die Verantwortung des Beamten grundsätzlich auf den Staat bzw. die Körperschaft, der der Beamte angehört, **übergeleitet**. Dies ist die sogenannte Haftungsbegründung bzw. Haftungsüberleitung. Der Art. 34 GG überlagert die Norm des § 839 Abs. 1 BGB. Bei Vorsatz oder Fahrlässigkeit kann der Dienstherr jedoch – im Innenverhältnis – Rückgriff (Regress) auf den Beamten nehmen.

Über die **Außenhaftung** erhält der Geschädigte einen zahlungsfähigen Schuldner, nämlich den Staat. Ein weiterer Effekt der Außenhaftung ist, dass der Dienstherr sich zunächst schützend vor den öffentlich-rechtlichen Funktionsträger stellt. Ohne die Haftungsüberleitung auf den Staat müsste der Bürger seine Schadensersatzansprüche direkt gegen den Beamten richten.
Nachdem der Dienstherr den Schaden gegenüber dem Dritten ausgeglichen hat, erfolgt i. d. R. der Regress im Innenverhältnis gegen den Beamten (vgl. § 48 BeamtStG).

Dienstherrenregress:
Der Dienstherr hatte durch einen verursachten Schaden eines Beamten Aufwendungen. Diese Aufwendungen stellen vermögensrechtliche Ansprüche gegenüber dem Beamten dar, da der Beamte schuldhaft ihm obliegende Amtspflichten vorsätzlich oder grob fahrlässig verletzt hat.

Gemessen am Einstiegsfall (siehe Kap. 8 Ziff. 1) bedeutet dies:

Haftung des ROI Huber		
Außenverhältnis = Schaden an der Gartenmauer		**Innenverhältnis** = Schaden am Dienstfahrzeug
Fremdschaden Haftung des Dienstherrn (Landesdirektion Sachsen, also Haftung des Freistaates Sachsen) em. § 839 Abs. 1 BGB i. V. m. Art. 34 S. 1 GG → **Inregressnahme** gemäß Art. 34 S. 2 GG i. V. m. § 48 BeamtStG möglich! Voraussetzung: Vorsatz oder grobe Fahrlässigkeit		**Eigenschaden** Haftung des ROI Huber gem. § 48 BeamtStG Voraussetzung: Vorsatz oder grobe Fahrlässigkeit

Kapitel 9 – Grundzüge des Dienstunfallrechts

I. Begriff und Begriffsbestandteile des Dienstunfalls

§ 33 SächsBeamtVG (Dienstunfall)

(1) Dienstunfall ist ein auf äußerer Einwirkung beruhendes, plötzliches, örtlich und zeitlich bestimmbares, einen Körperschaden verursachendes Ereignis, das in Ausübung oder infolge des Dienstes eingetreten ist. Zum Dienst gehören auch

1. Dienstreisen sowie die dienstliche Tätigkeit am Bestimmungsort,
2. die Teilnahme an dienstlichen Veranstaltungen und
3. Nebentätigkeiten im öffentlichen Dienst oder in dem ihm gleichstehenden Dienst, zu deren Übernahme die Beamten gemäß § 102 des Sächsischen Beamtengesetzes verpflichtet sind oder die sie auf Verlangen, Vorschlag oder Veranlassung ihres Dienstvorgesetzten übernommen haben.

(2) Als Dienst gilt auch das Zurücklegen des mit dem Dienst zusammenhängenden Weges zwischen Familienwohnung und Dienststelle; haben Beamte wegen der Entfernung ihrer ständigen Familienwohnung vom Dienstort an diesem oder in dessen Nähe eine Unterkunft, so gilt Halbsatz 1 auch für den Weg von und nach der Familienwohnung. Der Zusammenhang mit dem Dienst gilt als nicht unterbrochen, wenn die Beamten von dem unmittelbaren Wege zwischen der Familienwohnung oder der Unterkunft und der Dienststelle in vertretbarem Umfang abweichen, weil ihr dem Grunde nach kindergeldberechtigendes Kind, das mit ihnen in einem Haushalt lebt, wegen ihrer oder ihres Ehegatten beruflichen Tätigkeit fremder Obhut anvertraut wird oder weil sie mit anderen berufstätigen oder in der gesetzlichen Unfallversicherung versicherten Personen gemeinsam ein Fahrzeug für den Weg nach und von der Dienststelle benutzen. Ein Unfall, den die Verletzten während einer zur Aufklärung des Dienstunfalls angeordneten Untersuchung oder auf einem hierzu notwendigen Weg erleiden, gilt als Folge des Dienstunfalls. [...]

Die in § 33 Abs. 2 Satz 1 SächsBeamtVG aufgezählten Merkmale eines Dienstunfalls sind abschließend. Liegt eines dieser Merkmale nicht vor, so liegt auch kein Dienstunfall vor.

Ereignis	• Ein Ereignis ist ein objektiv nachweisbares Geschehen, d. h., ein Umstand der zu einer Veränderung der bisher bestehenden Verhältnisse, also einen neuen Zustand, herbeiführt.
örtlich und zeitlich bestimmbar	• Das Ereignis muss nach Zeit und Ort bestimmbar sein.
plötzlich	• Das Ereignis muss unvermittelt eintreten und von kurzer Dauer sein.
auf äußerer Einwirkung beruhend	• Das Ereignis muss auf äußerer Einwirkung beruhen bzw. durch den Beamten verursacht sein.
Körperschaden	• Ein Körperschaden umfasst alle körperlichen und seelischen Beeinträchtigungen des Beamten.
in Ausübung oder infolge des Dienstes	• Das Ereignis tritt in Ausübung des Dienstes ein, wenn der Beamte im Moment des Ereignisses dienstliche Aufgaben (zugewiesen durch Gesetz, Verordnung oder dienstliche Weisung) ausführt, sog. **haftungsbegründende Kausalität**. „Infolge des Dienstes" ist ein Unfall eingetreten, wenn der Beamte im Zeitpunkt der den Unfall auslösenden äußeren Einwirkung dienstliche Aufgaben verrichtet hat, der hierdurch verursachte Körperschaden aber erst nach der Dienstausübung eingetreten ist.

Zusammenfassung: Voraussetzungen des Dienstunfalls

Ob ein Dienstunfall bei einer Verletzung eines Beamten vorliegt, kann nicht pauschal beurteilt werden, auch wenn der Beamte sich zum Zeitpunkt der Verletzung im Dienst befindet. So kann bei rechtswidrigem oder äußerst unvernünftigem Handeln des Beamten ein sog. **Lösen vom Dienst** vorliegen.

Beispiel für das Lösen vom Dienst:
ROI Schmidt bearbeitet im Dienst die private Steuererklärung. In diesem Zusammenhang kommt es zum Dienstunfall.

Im Ergebnis kann bei solchen grob unvernünftigen Handlungen kein Dienstunfallschutz gewährleistet werden.

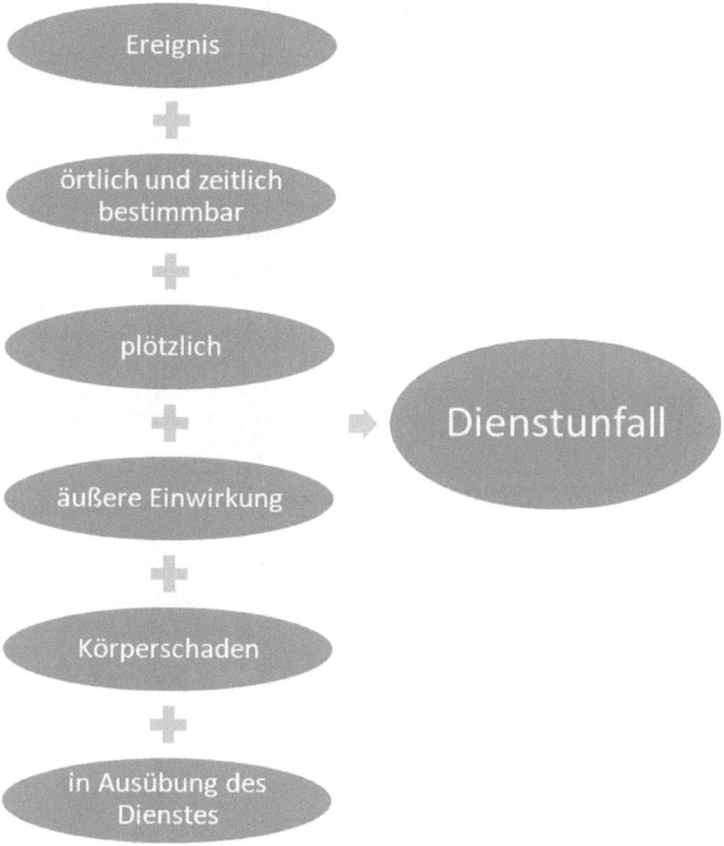

Voraussetzungen des Dienstunfalls

1.1 Ereignis

Definition: Ein Ereignis ist ein objektiv nachweisbares Geschehen, d. h., ein Umstand der zu einer Veränderung der bisher bestehenden Verhältnisse, also einen neuen Zustand, herbeiführt.

Grundvoraussetzung eines Dienstunfalles ist das Vorliegen eines objektiv nachweisbaren Ereignisses (Geschehen), welches zu einer Veränderung der bisherigen Verhältnisse (Zustand) führt.

1.2 Plötzlichkeit, örtliche und zeitliche Bestimmbarkeit

Definition: Das Ereignis muss nach Zeit und Ort bestimmbar sein.

Weiterhin muss ein Dienstunfall örtlich und zeitlich bestimmbar sein. Dabei kommt es darauf an, ob das vorherige Ereignis zeitlich und örtlich dem Dienst zuzurechnen ist.

Die örtliche und zeitliche Bestimmbarkeit eines Ereignisses ist gegeben, wenn dieses durch genaue Angaben von Ort und Zeitpunkt abgrenzbar und damit eine Verwechslung mit anderen Geschehen ausgeschlossen ist.[179] Auch längerfristige Ereignisse können örtlich und zeitlich bestimmbar sein (z. B. Schimmelpilzbefall in den Diensträumen über mehrere Monate) – bei diesen Anlässen fehlt jedoch das Merkmal „plötzlich".

Definition Plötzlichkeit: Das Ereignis muss unvermittelt eintreten und von kurzer Dauer sein.

Das Tatbestandsmerkmal „plötzlich" (=von kurzer Zeitdauer, unvermittelt) dient – im Zusammenhang mit der örtlichen und zeitlichen Bestimmbarkeit des Ereignisses – der Abgrenzung gegenüber einer länger dauernden Einwirkung und besagt, dass das Unfallgeschehen sich in einem relativ kurzen Zeitraum ereignen und wirken muss.[180] Es kann jedoch bis zu einer Dienstschicht dauern.

Als „plötzlich" ist ein Ereignis anzusehen, wenn es längstens innerhalb der täglichen Dienstzeit stattgefunden hat.[181]

1.3 Körperschaden

Definition: Ein Körperschaden umfasst alle körperlichen und seelischen Beeinträchtigungen des Beamten.

Beispiele:

- Steuerinspektorin Müller verletzt sich beim Tragen von schweren Akten.
- Polizeikommissar Huber verdreht sich beim Dienstsport das Knie.

Ob ein Ereignis ursächlich für den eingetretenen Körperschaden eines Beamten ist, muss der Beamte beweisen. Beim Beamten liegt auch die **Beweislast**, dass der Körperscha-

179 BVerwG, Urt. vom 25.2.2010 – BVerwG 2 C 81.08 –, Leitsätze

180 BayVGH, Beschl. vom 25.10.2012 – 3 ZB 10.2737 –, Rn. 5

181 Verwaltungsvorschrift des Sächsischen Staatsministeriums der Finanzen zum Vollzug des Sächsischen Beamtenversorgungsgesetzes, II, Punkt 33

den nicht in seiner genetischen Disposition liegt oder der Körperschaden eine Spätfolge einer sonstigen Verletzung ist. Zusammengefasst heißt dies, dass der Beamte den Kausalzusammenhang zwischen dem Ereignis und dem Körperschaden mit überwiegender Wahrscheinlichkeit nachweisen muss.[182]

Die notwendigen Vordrucke und Anträge finden sich u. a. auf den Seiten des sächsischen Landesamtes für Steuern und Finanzen.[183]

Nicht ursächlich im Sinn des Gesetzes sind die sogenannten Gelegenheitsursachen, d. h. solche Bedingungen, bei denen zwischen dem eingetretenen Schaden und dem Dienst eine rein zufällige Beziehung besteht. Letzteres ist beispielsweise dann der Fall, wenn die krankhafte Veranlagung oder das anlagebedingte Leiden so leicht ansprechbar waren, dass es zur Auslösung akuter Erscheinungen keiner besonderen, in ihrer Eigenart unersetzlichen Einwirkungen bedurfte, sondern auch ein anderes, alltäglich vorkommendes Ereignis zum selben Erfolg geführt hätte.[184]

Beispiel:

RI Schulz ist starker Raucher und übergewichtig. In der Mittagspause erleidet er einen Herzinfarkt.

Treffen mehrere Ursachen für einen Körperschaden zusammen, so ist diejenige Ursache ursächlich, die **überwiegend** zum eingetretenen Schaden geführt hat. Hat eine andere Ursache annähernd die gleiche Bedeutung für den Erfolgseintritt, beispielsweise ein Körperschaden, der auf einer Vorerkrankung beruht, so ist dieser Körperschaden nur ursächlich, wenn er bei objektiver Betrachtung die gleiche Bedeutung für den Schadenseintritt hat.[185]

Der sog. „**qualifizierte**" Dienstunfall i. S. d. § 33 Abs. 4 SächsBeamtVG setzt einen rechtswidrigen Angriff voraus, in welchem der Täter einen Beamten in seiner hoheitlichen Eigenschaft oder im Rahmen seiner dienstlicher Tätigkeit objektiv in die Gefahr einer Schädigung bringt. Ein rein körperlicher Schaden ist keine Voraussetzung, vielmehr genügt ein psychischer Angriff.[186] Ein Körperschaden kann auch durch eine psychische Erkrankung verwirklicht werden.[187]

Beispiel zum qualifizierten Dienstunfall gem. § 33 Abs. 4 SächsBeamtVG:

Der im Gewerbeaufsichtsamt tätige Beamte wird am Wochenende beim privaten Einkaufsbummel vom Gewerbetreibenden Gustav A. erkannt. Aus Rache für die zuvor

182 BayVGH, Urt. vom 13.6.2018 – 3 B 14.802 –, Rn. 29

183 https://www.lsf.sachsen.de/vordrucke-und-antrage-4714.html (zuletzt abgerufen am 11.7.2022)

184 BVerwG, Beschl. vom 8.3.2004 – B 54.03 –, Rn. 7

185 BVerwG, Urt. vom 7.5.1999 – 2 B 117/98 –

186 BVerwG, Urt. vom 25.10.2012 – 2 C 41.11 –, Leitsatz

187 BVerwG, Urt. vom 11.7-2014 – 2 B 37.14 –

vom Beamten verhängten Gewerbeaufsichtsmaßnahmen prügelt der A. auf den Beamten ein und verletzt diesen so schwer, dass dieser dienstunfähig wird.

1.4 Äußere Einwirkungen

Definition: Das Ereignis muss von außen eintreten bzw. durch den Beamten verursacht sein.

Das Ereignis muss auf äußerer Einwirkung beruhen und so die Verletzung verursachen. Weiterhin muss es sich um ein Ereignis handeln, das in Ausübung oder infolge des Dienstes eingetreten ist.[188]

> *Entscheidend für die Abgrenzung eines Unfalls von sonstigen Körperbeschädigungen ist danach, ob die Einwirkung auf Umständen beruht, für die eine in körperlicher oder seelischer Hinsicht besondere Veranlagung des Betroffenen oder das willentliche Verhalten des Betroffenen die wesentliche Ursache war.*[189]

Sowohl körperliche als auch nicht-körperliche Einwirkungen können äußere Einwirkungen darstellen. So kann beispielsweise ein Kritikgespräch/Beurteilungsgespräch, welches den üblichen sozialen Rahmen verlässt (beispielsweise lautes, sozial unübliches Anbrüllen), zu einem Schaden führen, der auf äußerer Einwirkung beruht.[190]

Der Unfallbegriff setzt ein auf äußerer Einwirkung beruhendes, plötzliches Ereignis voraus, das rechtlich wesentlich einen Körperschaden (mit-)verursacht hat. Dazu gehören auch körpereigene, unkoordinierte, unkontrollierte Bewegungen (zum Beispiel Stolpern, Umknicken) sowie außergewöhnliche Kraftaufwendungen. Zu beachten ist jedoch, inwieweit krankhafte Veranlagungen oder Vorschäden oder bei der Geltendmachung von psychischen Erkrankungen die Persönlichkeit mitursächlich waren. Der Begriff „äußere Einwirkung" dient der Abgrenzung von „inneren Ursachen".[191]

---

188 BVerwG, Urt. vom 14.12.2004 –2 C 66.03 –

189 BVerwG, Beschl. vom 11.10.2018 – 2 B 3.18 –

190 BVerwG, Beschl. vom 11.10.2018 – 2 B 3.18 –

191 Verwaltungsvorschrift des Sächsischen Staatsministeriums der Finanzen zum Vollzug des Sächsischen Beamtenversorgungsgesetzes, II, Punkt 33

1.5 Zusammenhang mit dem Dienstgeschäft

Definition: In Ausübung oder infolge des Dienstes: Das Ereignis tritt in Ausübung des Dienstes ein, wenn der Beamte im Moment des Ereignisses dienstliche Aufgaben (zugewiesen durch Gesetz, Verordnung oder dienstliche Weisung) ausführt, sog. **haftungsbegründende Kausalität**. „Infolge des Dienstes" ist ein Unfall eingetreten, wenn der Beamte im Zeitpunkt der den Unfall auslösenden äußeren Einwirkung dienstliche Aufgaben verrichtet hat, der hierdurch verursachte Körperschaden aber erst nach der Dienstausübung eingetreten ist.[192]

Um einen Zusammenhang mit dem Dienstgeschäft herzustellen, muss der Beamte sich bei einem Unfall im räumlichen Machtbereich des Dienstherrn befinden. Dies ist nicht gegeben, wenn der Beamte dort weder seinen Dienstort hat noch der Dienstherr einen dienstlichen Anlass für den Aufenthalt an dem Ort gegeben hat.[193] Bei dieser sog. **haftungsbegründenden Kausalität** geht es um den Bezug zum Dienst. Der Dienst umfasst alle Tätigkeiten, die der Beamte innerhalb des individuellen Aufgabenkreises verrichtet, der ihm durch Gesetz, Verordnung oder dienstliche Weisung übertragen ist. Es geht also um den Zusammenhang zwischen Dienst und Ereignis.

Ein innerer Zusammenhang der Tätigkeit mit den dienstlichen Aufgaben ist erforderlich. Er wird bei eigenwirtschaftlichen Tätigkeiten vollständig aufgelöst. Eigenwirtschaftlichkeit ist gegeben, wenn die konkrete Tätigkeit zum Unfallzeitpunkt lediglich eigenen Interessen oder Bedürfnissen dient.

Der Beamte kann sich aber auch dann noch in Ausübung des Dienstes befinden, wenn die konkrete Tätigkeit zum Unfallzeitpunkt zwar eigenwirtschaftlicher Natur war, aber aufgrund ihres kurzfristigen oder geringfügigen Charakters den Zusammenhang mit dem Dienst nicht gelöst hat. Bei lebensnaher, natürlicher Betrachtung sind bestimmte eigenwirtschaftliche Tätigkeiten hinsichtlich ihrer Art und Dauer so geringfügig, dass sie nicht ins Gewicht fallen. Der Beamte bleibt im Dienst oder bei der dienstlichen Tätigkeit und wird nur nebenher eigenwirtschaftlich tätig, z. B.

- bei der Begrüßung eines Kollegen,
- auf dem Weg zur Toilette (der Dienstunfallschutz endet an der Außentür des Toilettenraums) oder
- auf dem Weg zur Kantine (der Dienstunfallschutz endet an der Außentür der Kantine).

Hingegen wird der Zusammenhang mit dem Dienst beispielsweise gelöst beim Teekochen oder beim Blumengießen. Der innere Zusammenhang mit dem Dienst wird gelöst,

---

192 Verwaltungsvorschrift des Sächsischen Staatsministeriums der Finanzen zum Vollzug des Sächsischen Beamtenversorgungsgesetzes, II, Punkt 33

193 BVerwG, Urt. vom 22.1.2009 – BVerwG 2 A 3.08 –, Leitsatz

wenn die Fähigkeit des Beamten zu der ihm obliegenden Dienstleistung alkohol- oder drogenbedingt so sehr beeinträchtigt ist, dass die Ausführung von Dienstaufgaben nicht mehr möglich ist.[194]. Die Gewährung von Dienstunfallschutz ist nicht dadurch ausgeschlossen, dass der Beamte krankgeschrieben ist und dennoch Dienst tut.

Auch der notwendige Weg zur Einnahme einer warmen Mahlzeit in der Mittagspause steht unter Dienstunfallschutz, sofern der Zusammenhang mit dem Dienst nicht unterbrochen ist. Der Zusammenhang ist in der Regel nicht unterbrochen, wenn der Beamte eine in unmittelbarer Umgebung der Dienststelle gelegene Gaststätte oder ähnliches aufsucht oder die Mahlzeit zu Hause einnimmt. Die Dauer der auswärtigen Einnahme der Mahlzeit muss sich dabei im Rahmen der jeweiligen Mindestzeit der Mittagspause halten; ein Zeitaufwand von 30 Minuten erscheint angemessen.[195]

Ein Unfall, den ein Beamter anlässlich der Wahrnehmung von Rechten oder Erfüllung von Pflichten nach dem Personalvertretungsrecht erleidet, ist kein Dienstunfall. Es wird jedoch Unfallfürsorge in entsprechender Anwendung der beamtenrechtlichen Unfallfürsorgevorschriften gewährt (§ 11 des Sächsischen Personalvertretungsgesetzes). Entsprechendes gilt für die Vertrauenspersonen der schwerbehinderten Menschen (§ 96 III SGB IX).[196]

Der Begriff des Zusammenhanges mit dem Dienstgeschäft wird erweitert auf folgende Fälle:

- Dienstreisen[197] gem. § 33 Abs. 1 Satz 2 Nr. 1 SächsBeamtVG, z. B. im Rahmen von Fortbildungen sowie die dienstliche Tätigkeit am Bestimmungsort[198]

---

194 BSG, Urt. vom 2.11.1988, VersR 1989, 607; BVerwG, Urt. vom 23.2.1989, NJW 1989, 2005

195 Entnommen aus: Verwaltungsvorschrift des Sächsischen Staatsministeriums der Finanzen zum Vollzug des Sächsischen Beamtenversorgungsgesetzes, II, Punkt 33

196 Entnommen aus: Verwaltungsvorschrift des Sächsischen Staatsministeriums der Finanzen zum Vollzug des Sächsischen Beamtenversorgungsgesetzes, II, Punkt 33

197 Dienstreisen (§ 2 Absatz 1 des Sächsischen Reisekostengesetzes) sind Reisen zur Erledigung von Dienstgeschäften außerhalb der Dienststätte. Maßgeblich ist grundsätzlich die Dienstreisegenehmigung. Entsprechendes gilt für Aus- und Fortbildungsreisen. Verwaltungsvorschrift des Sächsischen Staatsministeriums der Finanzen zum Vollzug des Sächsischen Beamtenversorgungsgesetzes, II, Punkt 33

198 Unter Unfallschutz steht grundsätzlich nur die Tätigkeit am Bestimmungsort, die unmittelbar dem Zweck der Dienstreise entspricht, zum Beispiel Lehrtätigkeit oder Teilnahme an einer Besprechung (= dienstliche Tätigkeit am Bestimmungsort). Auch die mit dieser Tätig-

- Dienstliche Veranstaltungen[199] gem. § 33 Abs. 1 Satz 2 Nr. 2 SächsBeamtVG, z. B. feierliche Einführung des neuen Amtsleiters; Verabschiedung des bisherigen Bürgermeisters; Personalflüge; Betriebsfeiern
- Nebentätigkeiten § 33 Abs. 1 Satz 2 Nr. 3 SächsBeamtVG.

Erfasst vom Dienstunfallbegriff wird auch der **Weg zum und vom Dienst.** Erfasst wird dabei der tägliche Weg von der Familienwohnung oder Unterkunft (z. B. bei einer Abordnung) zur Dienststelle. Ein geschützter direkter Weg nach und von der Dienststelle liegt vor, wenn er in einem rechtlich wesentlichen Zusammenhang mit dem Dienst steht. Der Weg von und nach der Dienststelle beginnt und endet grundsätzlich an der Haustür (mit Verlassen des Gebäudes). Verfügt der Beamte in dem von ihm bewohnten Haus über eine unmittelbar zugängliche Garage, beginnt und endet der Weg von und nach der Dienststelle mit dem Durchfahren des Garageneingangs.

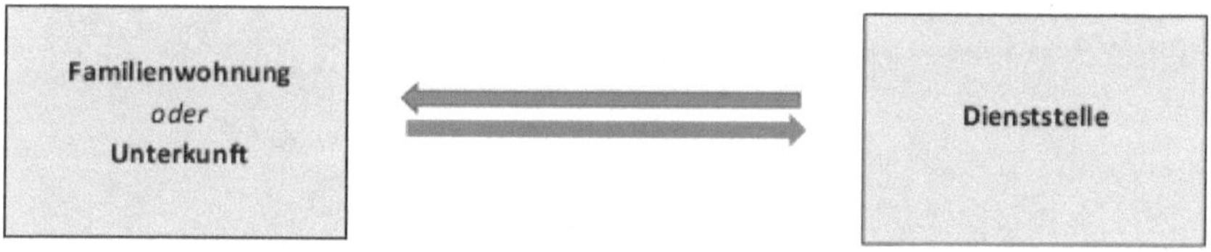

Weg zum und vom Dienst

Der Beamte muss auf dem Weg zum Dienst den kürzesten Weg nehmen, um den Schutz des § 33 Abs. 2 Satz 1 SächsBeamtVG zu erhalten. So muss für die Wegstrecke eine Verbindung zwischen Wohnung und Dienstort gegeben sein. Solange das Gesetz nichts anderes bestimmt, sind keine Umwege erlaubt.[200]

---

keit zusammenhängenden Wege am Bestimmungsort sowie Tätigkeiten, die zwangsläufig mit dem auswärtigen Aufenthalt in engem Zusammenhang stehen, sind dienstunfallgeschützt, z. B. Kauf einer Fahrkarte oder notwendige Wege zur Einnahme der Hauptmahlzeiten, nicht aber eigenwirtschaftliche Tätigkeiten wie der Gang zur Hotelbar oder zum Hotelkiosk am Abend während des Hotelaufenthaltes (Verwaltungsvorschrift des Sächsischen Staatsministeriums der Finanzen zum Vollzug des Sächsischen Beamtenversorgungsgesetzes, II, Punkt 33).

199 Dienstliche Veranstaltungen sind solche, die in einem inneren Zusammenhang mit dem Dienst stehen, dienstlichen Interessen dienen und durch organisatorische Maßnahmen personeller und sachlicher Art in den weisungsgebundenen Dienstbereich einbezogen sind (formelle und materielle Dienstbezogenheit) (Verwaltungsvorschrift des Sächsischen Staatsministeriums der Finanzen zum Vollzug des Sächsischen Beamtenversorgungsgesetzes, II, Punkt 33).

200 BVerwG, Urt. vom 27.5.2004 – 2 C 29.03 –

Der direkte Weg muss nicht zwangsläufig der kürzeste Weg sein. Er kann auch die verkehrstechnisch günstigste Strecke (z. B. Autobahn statt Bundesstraße) oder die Route des genutzten öffentlichen Verkehrsmittels sein. Die Feststellung ist in jedem Einzelfall konkret vorzunehmen.

Ausnahmen von der eigentlichen Fahrtstrecke sind erlaubt bei:

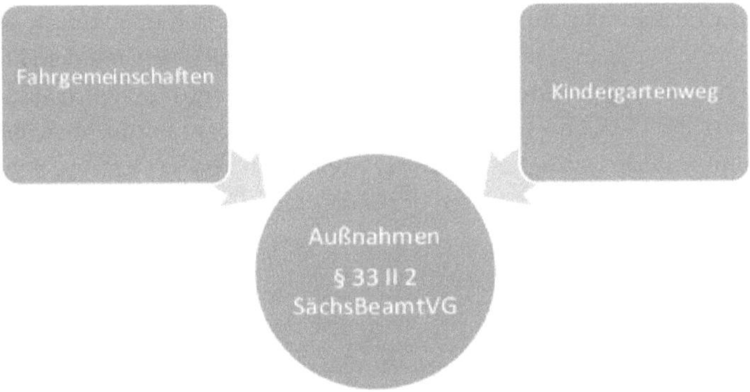

Ausnahmen Weg zum Dienst

Ein sonstiges Abweichen vom Weg zum Dienst ist nicht ohne Weiteres denkbar:

Beispiel:

ROI Seebacher hat am Abend vergessen, sein Fahrzeug zu tanken. Am nächsten Morgen fährt auf dem Weg zum Dienst von der Autobahn ab und will sein Auto tanken. Beim Abfahren zur Tankstelle gerät ROI Seebacher mit seinem Fahrzeug ins Schleudern und fährt in die Leitplanke. Er ist leicht verletzt.

Im vorgenannten Beispiel liegt kein Dienstunfall vor, da ROI Seebacher aus von ihm selbst zu vertretenden Gründen vom ursprünglichem Weg abweicht.

Privat veranlasste Umwege unterliegen grundsätzlich nicht dem Dienstunfallschutz. Unterbrechung ist eine eigenwirtschaftliche Tätigkeit, die in das Zurücklegen des Weges eingeschoben wird. Es besteht ausnahmsweise Unfallschutz, wenn sie lediglich unwesentlich ist. Eine Tätigkeit ist unwesentlich, wenn sie hinsichtlich ihrer Art und zeitlichen Dauer so geringfügig ist, dass sie nicht ins Gewicht fällt, sie ganz nebenbei oder „im Vorbeigehen" erledigt werden kann.

Beispiele für eine unwesentliche Unterbrechung: Anhalten zum Blick in die Auslage eines Schaufensters, der Kauf einer Zeitung an einem Kiosk mit Verkaufsfenster, der auf dem Weg liegt, der Kauf von Zigaretten an einem Automaten oder ein kurzes Gespräch mit Bekannten.

Keine unwesentliche Unterbrechung ist das Verlassen des öffentlichen Verkehrsraumes (Fläche des gesamten öffentlichen Straßengeländes) als Fußgänger oder bereits das Aus-/Absteigen als Kraftfahrer.[201]

Beispiel für das Verlassen des öffentlichen Verkehrsraumes:
RI Müller fährt auf dem Heimweg noch Einkaufen.

Nach Beendigung des „dienstfremden" Vorganges ist der Beamte grundsätzlich wieder dienstunfallrechtlich geschützt. Ob der Unfallschutz nach einem Ab- oder Umweg mit Rückkehr auf den direkten Weg oder nach einer Unterbrechung mit dem Erreichen des öffentlichen Verkehrsraumes wieder auflebt, hängt von der Art und Dauer des Abweichens vom direkten Weg im Einzelfall ab. Eine endgültige Lösung vom Dienst mit gänzlichem Verlust des Unfallschutzes tritt ein, wenn eine Unterbrechung zwei Stunden übersteigt.

Beispiel:

Mit dem Verlassen des Kaufhauses oder dem Ende einer längeren privaten Unterhaltung endet die Unterbrechung und der Unfallschutz setzt in der Regel wieder ein. Dauerte der Einkauf länger als zwei Stunden, tritt die endgültige Lösung vom Dienst ein und auch beim Verlassen des Kaufhauses und Fortsetzen des Heimweges auf dem direkten Weg besteht kein Unfallschutz mehr.

Bei unvorhergesehen Ereignissen gilt ein Umweg wiederum als geschützt.

Beispiel:

Auf dem Weg zum Dienst gerät ROI Seidel in einen Stau. Nach Radiodurchsagen benötigt er ca. zwei Stunden länger, um an seinen Zielort zu gelangen. Daher fährt er von der Autobahn ab und nimmt die Landstraße.

Ebenso gilt dies bei plötzlichen technischen Schwierigkeiten am Fahrzeug, z. B. plötzlicher Druckverlust am Reifen.

2. Dienstunfallfürsorge

Das SächsBeamtVG regelt die Versorgung der Beamten des Freistaates Sachsen (Staatsbeamte) und der Beamten der Gemeinden, Landkreise und sonstigen der Aufsicht des Freistaates Sachsen unterstehenden Körperschaften, Anstalten und Stiftungen des öffentlichen Rechts (siehe § 1 SächsBeamtVG). Die Dienstunfallfürsorge dient der

201 Verwaltungsvorschrift des Sächsischen Staatsministeriums der Finanzen zum Vollzug des Sächsischen Beamtenversorgungsgesetzes, II, Punkt 33

rechtlichen und wirtschaftlichen Sicherung der Beamten, Richter und deren Hinterbliebenen bei Schadensfällen, die ihren Ursprung im Dienst haben.

Liegt ein Dienstunfall des Beamten vor, so besteht ein Anspruch auf Unfallfürsorge (§ 32 Abs. 1 Satz 1 SächsBeamtVG).

> **§ 32 SächsBeamtVG (Allgemeines)**
>
> (1) Werden Beamte durch einen Dienstunfall verletzt, so wird ihnen und ihren Hinterbliebenen Unfallfürsorge gewährt. Unfallfürsorge wird auch dem Kind einer Beamtin gewährt, das durch deren Dienstunfall während der Schwangerschaft unmittelbar geschädigt wurde. Satz 2 gilt auch, wenn die Schädigung durch besondere Einwirkungen verursacht worden ist, die generell geeignet sind, bei der Mutter einen Dienstunfall im Sinne des § 33 Abs. 3 zu verursachen. [...]

Die Unfallfürsorge wird in den §§ 34 ff. SächsBeamtVG näher geregelt. In § 32 Abs. 2 Satz 1 SächsBeamtVG ist der Umfang der Unfallfürsorge abschließend geregelt und umfasst folgende Aspekte:

1. **Erstattung von Sachschäden und besonderen Aufwendungen (§ 35),**
2. **Heilverfahren (§§ 36, 37),**
3. **Unfallausgleich (§ 38),**
4. **Unfallruhegehalt oder Unterhaltsbeitrag (§§ 39 bis 41),**
5. **Unfall-Hinterbliebenenversorgung (§§ 43 bis 46),**
6. **einmalige Unfallentschädigung (§ 47),**
7. **Schadensausgleich in besonderen Fällen (§ 48) und**
8. **Einsatzversorgung im Sinne des § 34.**

Damit dem Beamten Unfallfürsorge gewährt wird, muss ein Dienstunfall i. S. d. § 33 SächsBeamtVG vorliegen. Diese Kapitel beleuchtet im **ersten Teil** den Begriff des Dienstunfalls, bevor im **zweiten Teil** der Wegeunfall als besonderer Aspekt der Unfallfürsorge betrachtet wird.

Neben dem schon erwähnten SächsBeamtVG finden sich Regelungen zum Themengebiet Dienstunfall noch in folgenden Vorschriften:

- Sächsische Heilverfahrensordnung (SächsHeilVfVO)
- Sächsische Unfallentschädigungsverordnung (SächsUnfEntschVO)
- Verwaltungsvorschrift zum Sächsischen Beamtenversorgungsgesetz (VwVSächsBeamtVG)

Holz

Stress- und Gesundheitsmanagement als Führungsaufgabe

2015, Softcover,
150 Seiten, 29,80 €,
ISBN 978-3-8293-1115-1

Müller | Förtsch

Wissensmanagement

2015, Softcover,
186 Seiten, 29,80 €,
ISBN 978-3-8293-1113-7

Herrmann | Schwittek

Projekte und Prozesse managen

2014, Softcover,
194 Seiten, 29,80 €
ISBN 978-3-8293-1102-1

Schleiken

Konfliktmanagement

2015, Softcover,
174 Seiten, 29,80 €,
ISBN 978-3-8293-1118-2

www.ksv-medien.de